Özgün
Sesle
Gürle

"Göklere, kadim göklere binmiş olanı. İşte sesiyle, güçlü sesiyle gürlüyor!"
(Mezmurlar 68:33)

Özgün Sesle Gürle

Dr. Jaerock Lee

Özgün Sesle Gürle Yazar: Dr. Jaerock Lee
Urim Kitapları tarafından yayınlanmıştır (Temsilci: Johnny. H. Kim)
73, Yeouidaebang-ro 22-gil, Dongjak-gu, Seul-G. Kore

www.urimbooks.com

Tüm hakları saklıdır. Yayınevinin yazılı izni olmadan bu yayının herhangi bir biçimde çoğaltılması, bilgisayar ortamında kullanılması, fotokopi yoluyla dağıtılması veya herhangi bir şekilde (elektronik, mekanik, kayıt) yayınlanması yasaktır.

Aksi belirtilmedikçe, tüm alıntılar Türkçe Kutsal Kitap'tan alınmıştır.
Eski Antlaşma © The Bible Society in Turkey, 2001
Yeni Antlaşma © The Translation Trust, 1987, 1994, 2001

Telif Hakkı ©2015 Dr. Jaerock Lee
ISBN: 979-11-263-1220-7 03230
Çeviri Telif Hakkı ©2013 Dr. Esther K. Chung. İzinle çevirmiştir.

İlk Baskı Eylül 2023

İlk kez Seul, Kore'de 2011 yılında Urim Kitapları tarafından Kore dilinde basılmıştır

Editör: Dr. Geumsun Vin
Tasarım: Urim Kitapları Tasarım Bürosu
Daha fazla bilgi için urimbook@hotmail.com

Kitap Hakkında

Yaratılışın işleriyle dopdolu olan özgün sesle okuyucuların yanıt ve kutsamaları alacağı umuduyla...

Bu dünyada çeşitli sesler vardır: kuşların güzel cıvıltıları, bebeklerin masum kahkahaları, kalabalıkların neşeli tezahüratları, benzinli motorların ve müziğin sesi. Bunlar duyulabilir frekansta olan seslerdir. Ayrıca insanların ultrasound gibi duyamayacağı seslerde vardır.

Eğer sesin frekansı çok yüksek ya da alçak ise, var olmasına rağmen duyamayız. Ayrıca sadece kalben duyabileceğimiz seslerde mevcuttur: vicdanımızın sesi gibi. Peki, en güzel ve en güçlü ses hangisidir? İşte o, her şeyin kökü olan Yaratıcı Tanrı'nın güçlü sesiyle gürleyen 'Özgün Sestir'.

"Göklere, kadim göklere binmiş olanı. İşte sesiyle, güçlü sesiyle gürlüyor!" (Mezmurlar 68:33).

" İsrail Tanrısı'nın görkeminin doğudan geldiğini gördüm.

Sesi gürül gürül akan suların sesi gibiydi. Görkeminden yeryüzü aydınlıkla doldu." (Hezekiel 43:2).

Başlangıçta; Tanrı, içinde gür bir sesi barındıran bir ışık olarak tüm evreni kaplıyordu (1. Yuhanna 1:5). İşte o vakit, gerçek sevgiyi paylaşabileceği gerçek çocuklarını kazanmak için 'insanın yetiştirilme sürecini' planlıyordu. Ve Baba, Oğul, Kutsal Ruh'tan meydana gelen Üçlü Birlik olarak var olmaya başladı. Baba'da olduğu gibi, özgün ses Oğul ve Kutsal Ruh'ta da mevcuttu.

Zamanı geldiğinde; Üçlü Birlik, yeri ve göğü ve onların içindeki her şeyi yaratmak için özgün sesle gürledi: "Işık olsun," "Göğün altındaki sular bir yere toplansın, kuru toprak görünsün" "Yeryüzü bitkiler, tohum veren otlar, türüne göre tohumu meyvesinde bulunan meyve ağaçları üretsin," "Gökkubbede gündüzü geceden ayıracak, yeryüzünü aydınlatacak ışıklar olsun," "Sular canlı yaratıklarla dolup taşsın, yeryüzünün üzerinde, gökte kuşlar uçuşsun" (Yaratılış 1:3; 1:9; 1:11; 1:14; 1:20).
Dolayısıyla, Üçlü Birlik'in o özgün sesini tüm yaratılmışlar duyabilir, uzam ve zamanı aşarak itaat ederler. İncil'in dört kitabında d, özgün sesle gürleyen İsa, rüzgâr ve dalgalar gibi cansız şeyleri bile sakinleştirmiştir (Luka 8:24-25). Felçliye, "Günahların bağışlandı" ve "Kalk, yatağını topla, evine git!" (Matta 9:5-6) dediğinde, felçli ayağa kalkıp evine gitmiştir. Bu olayı seyredenler şaşırmış ve insanlara böylesi bir yetkinliği veren Tanrı'yı yüceltmişlerdir.

Yuhanna 14:12 ayeti şöyle der: "Size doğrusunu söyleyeyim, benim yaptığım işleri, bana iman eden de yapacak; hatta daha büyüklerini yapacaktır. Çünkü ben Baba'ya gidiyorum" Öyleyse günümüzde özgün sesin işlerini nasıl deneyim edebiliriz? İncil'in Elçilerin işleri bölümünde; kötülüğü yüreklerden söküp atarak kutsallığı yetiştirdikleri ölçüde, insanların Tanrı'nın gücünü ifşa eden araçlar olarak kullanıldıklarını okuruz.

Petrus, doğduğundan beri hiç yürüyememiş olan bir adama, Nasıralı İsa Mesih'in adıyla yürümesini söylemiş ve onun elini tutmuştur. Ve adam ayağa kalkmış ve sıçrayarak yürümüştür. Ölmüş olan Tabita'ya "Kalk!" dediğinde kadın canlanmıştır.

Elçi Pavlus, Eftihos adında genç bir adamı ölümden diriltmiştir. Onun bedenine değen peşkir ve peştamallar hasta olanlara götürüldüğünde, hastalıkları yok olmuş ve kötü ruhlar içlerinden çıkmıştır.

Bu Özgün Sesle Gürle adlı kitap, 'Kutsallık ve Güç' adlı serinin son kitabıdır. Özgün sesin vesilesiyle Tanrı'nın gücünü deneyimlemenin yolunu sunar. Ayrıca Tanrı'nın gücünün gerçek işlerinin bir takdimi olduğundan, okuyucular günlük yaşamlarına bu ilkeyi uygulayabilirler. Ayrıca okuyucuların ruhani dünyayı anlamalarına ve yanıtlar almalarına yardımcı olacak 'Kutsal Kitap Örnekleri' mevcuttur.

Yazı işleri müdürü Geumsun Vin ve çalışanlara teşekkür

ediyorum. Yaratılışın işlerini ortaya koyan özgün sesi deneyim ederek olabildiğince çok insanın dualarına yanıt alması ve kutsanmaları için Rab'bin adıyla dua ediyorum.

Jaerock Lee

Önsöz

Tanrı, Kilisemizi büyütmekle kalmadı, 1993 ile 2004 seneleri arasında "İki Haftalık Sürekli ve Özel Diriliş Toplantıları" düzenlememizin yolunu da bizlere açtı. Tanrı'nın, kilise cemaatinin ruhani imana sahip olmasını, iyiliğin, ışığın, sevginin ve Tanrı'nın gücünün boyutuna anlık bir bakış kazanmasını sağlayan bir işiydi. Yıllar geçtikçe; Tanrı, uzamın ve zamanın ötesinde olan yaratılışın gücünü, yaşamlarında deneyim edinmelerini sağladı.

Bu diriliş toplantılarında verilen vaazlar, 'Kutsallık ve Güç' serisinde toplanmıştır. Özgün Sesle Gürle, pek bilinmemiş bazı derin ruhani şeyleri bize anlatır. Bunlar şunlardır: Tanrı'nın özgün hali, göklerin kökeni, özgün sesle ortaya konulan gücün işleri ve hakiki yaşamlarımızda bunların nasıl deneyim edebileceğimiz.

'Özgün' adlı birinci bölüm, Tanrı'nın kim olduğunu, nasıl var olagelmiş olduğunu ve insanları neden yarattığını açıklar. 'Gökler' adındaki ikinci bölüm, pek çok göğün bulunduğu ve tüm bunları Tanrı'nın yönettiği gerçeğini açıklar. Ayrıca Aram ordusunun komutanı Naaman'ın örneğiyle; bu gerçeğe inandığımız takdirde, her sorunumuza yanıt bulacağımızı anlatır. 'Üçlü Birlik' adlı üçüncü bölüm, özgün Tanrı'nın neden uzamı böldüğünü, Üçlü Birlik olarak var olmaya başladığını ve Üçlü Birlik'i meydana getiren her bir zatın rolünü anlatır.

'Adalet' adlı dördüncü bölüm, Tanrı'nın adaletini ve o adalet doğrultusunda nasıl yanıtlar alabileceğimizi açıklar. 'İtaat' adlı beşinci bölüm, Tanrı'nın sözlerine tamamıyla itaat eden İsa'yı anlatır ve Tanrı'nın işlerini deneyim etmemiz için bizlerinde Tanrı'nın sözlerine itaat etmemiz gerektiğini açıklar. 'İman' adlı altıncı bölüm, her ne kadar tüm inanlılar iman ettiklerini söylüyor olsa da, bahşedilen yanıtların derecelerinde farklılıklar olduğunu ortaya koyar. Ayrıca Tanrı'nın nazarında tam bir güven kazanabilmemiz için, göstermemiz gereken imana sahip olmak için neler yapmamız gerektiğini öğretir.

'Sizce ben kimim?' adlı yedinci bölüm, İsa'nın Rab olduğunu

tüm kalbiyle dile getirdiğinde kutsanan Petrus'un örneğiyle, yanıtlar almamızın yolunu bizlere açıklar. 'Senin için ne yapmamı istiyorsun?' adlı sekizinci bölüm, kör adamın yanıt alma sürecini adım adım açıklar. 'İnandığın gibi olsun' adlı dokuzuncu bölüm, yüzbaşının yanıtlanmasının sırrını açıklar ve kilisemizden gerçek hayat örnekleri sunar.

Bu kitabın vesilesiyle tüm okuyucuların Tanrı'nın özgün halini ve Üçlü Birlik'in işlerini anlaması, adalet doğrultusunda itaat ve imanlarıyla diledikleri her şeyin yanıtını alması için Rab'bin adıyla dua ediyorum ki Tanrı'yı yüceltsinler.

Nisan 2009
Geumsun Vin,
Yazı İşleri Müdür

İçindekiler

Kitap Hakkında

Önsöz

Bölüm 1	Özgün	· 1
Bölüm 2	Gökler	· 17
Bölüm 3	Üçlü Birlik	· 35

Kutsal Kitap'tan Örnekler 1
Göğün ikinci katının kapısı göğün birinci kapısına açıldığında gerçekleşen olaylar

Bölüm 4	Adalet	· 55
Bölüm 5	İtaat	· 73
Bölüm 6	İman	· 91

Kutsal Kitap'tan Örnekler II
Göğün üçüncü katı ve üçüncü boyutun uzamı

Bölüm 7	Sizce Ben Kimim?	· 109
Bölüm 8	Senin için Ne Yapmamı İstiyorsun?	· 125
Bölüm 9	İnandığın gibi Olsun	· 141

Kutsal Kitap'tan Örnekler III
Göğün dördüncü katının maliki Tanrı'nın gücü

Bölüm 1 Özgün

> Tanrı'yı ve insanın nasıl var olmaya başladığını anlarsak, insan olmanın görevini yerine getirebiliriz.

Başlangıçta Tanrı

Tanrı'nın insanın yetiştirilmesini planlaması

Üçlü Birlik'in Sureti

Tanrı, gerçek çocuklarını kazanmak için insanı yarattı

İnsanın kökeni

Yaşam tohumu ve hamilelik

Her-şeye-gücü-yeten Yaratıcı Tanrı

"Başlangıçta Söz vardı. Söz Tanrı'yla birlikteydi ve Söz Tanrı'ydı"

(Yuhanna 1:1)

Günümüzde insanların çoğu anlamsız şeylerin arayışı içindedir, çünkü ne evrenin kökenini ne de evreni yöneten gerçek Tanrı'yı bilirler. Sadece hoşlarına gideni yaparlar, çünkü bu dünyada neden yaşamakta olduklarını, yaşamlarının gerçek amaç ve değerini bilmezler. Köklerini bilmediklerinden dolayı tıpkı ot gibi salınan hayatlar yaşarlar.

Fakat Üçlü Birlik'in özgün halini ve insanın nasıl var olmaya başladığını anlarsak, Tanrı'ya inanabilir ve 'insan olmanın görevini' yerine getirebiliriz. Öyleyse Baba, Oğul ve Kutsal Ruh'tan meydana gelen Üçlü Birlik'in özgün hali nasıldı?

Başlangıçta Tanrı

Yuhanna 1:1 ayeti; başlangıçtaki Tanrı'dan, kısaca Tanrı'nın özgün halinden bahseder. Burada geçen 'başlangıç' ile kastedilen zaman nedir? Sonsuzluk öncesi, henüz evrenin tüm uzamlarında Yaratan Tanrı'dan başka hiçbir şeyin mevcut olmadığı bir zamana işaret eder bu. Evrenin tüm uzamları salt görülebilir evren değildir. İçinde yaşadığımız evrenin dışında, hayal edilemeyecek ve ölçülemeyecek şekilde muazzam uzamlar mevcuttur. Tüm bu uzamlarda dâhil olmak üzere, Yaratan Tanrı bir başına tüm evrende sonsuzluk öncesi var idi.

Bu dünyada her şeyin sınırları, başı ve sonu olduğundan,

insanların pek çoğu 'sonsuzluk öncesi' kavramını kolay anlayamaz. Belki de Tanrı, "Başlangıçta Tanrı vardı," diyebilirdi, ama neden, 'Başlangıçta Söz vardı,' demiştir? Çünkü o zamanlar şimdiki 'suret' ve 'tezahür' içinde değildi.

Bu dünyanın insanları sınırlarla çevrilidir ve bu yüzden görebilecekleri ve dokunabilecekleri cismani şekil ve biçimde şeyler isterler. Bu yüzden tapınacakları çeşitli putlar yaparlar. Fakat nasıl olurda insan elinden çıkmış putlar, göğü ve yeri ve bunların içindeki her şeyi yaratan Tanrı olabilir? Nasıl olur da onlar yaşamı, ölümü, talihi, talihsizliği ve hatta insan tarihini kontrol eden Tanrı olabilirler?

Tanrı, başlangıçta Söz olarak var oldu, ama insanlar Tanrı'nın var olduğunu anlayabilsinler diye surete büründü. Öyleyse başlangıçta Söz olan Tanrı nasıldı? Güzel ışıklar ve olağanüstü bir sesle mevcuttu O. Bir isme ya da surete ihtiyacı yoktu. Sesi barındıran Işık olarak vardı ve evrendeki tüm uzamları yönetiyordu. Yuhanna 1:5 ayetinin söylediği gibi; evrendeki tüm uzamları bir Işık olarak kapladı ve sesi Işık'ın içinde barındırdı. İşte o ses, Yuhanna 1:1 ayetinde bahsi geçen 'Söz'dür.

Tanrı'nın insanın yetiştirilmesini planlaması

Zamanı geldiğinde, başlangıçta Söz olan Tanrı bir plan yaptı. Bu, 'insanın yetiştirilme' süreciydi. Bu, insanı yaratmanın ve sayıca çoğalmalarının planıydı. Böylece, içlerinden bazıları Tanrı'nın benzeyişinde gerçek çocukları olabilirdi. Bu sayede Tanrı onları göksel egemenliğe alabilir ve onlarla sevgiyi paylaşarak mutlu bir şekilde sonsuza dek yaşayabilirlerdi.

Bu planı yaptıktan sonra adım adım eyleme dönüştürdü. İlk olarak; tüm evreni bölümlere ayırdı. İkinci bölümde bu uzamları daha detaylıca anlatacağım. Esasen tüm uzamlar tek bir evrende mevcuttu ve Tanrı, insanın yetiştirilme süreci için gerekli olduğundan, evreni pek çok uzama ayırdı. Ve uzamların meydana gelmesinden sonra çok önemli bir olay meydana geldi.

Başlangıçtan önce Tek olarak var olan Tanrı; Baba, Oğul ve Kutsal Ruh olarak var olmaya başladı. Baba Tanrı, Oğul ve Kutsal Ruh'u meydana getirdi. Bu sebepledir ki İncil, İsa'dan Tanrı'nın biricik Oğlu diye bahseder. İbraniler 5:5 ayeti şöyle der: "Sen benim Oğlum'sun, bugün ben sana Baba oldum."

Oğul ve Kutsal Ruh, Tek Tanrı'dan geldikleri için aynı yürek ve güce sahiptirler. Üçlü Birlik, her şeyde birliktir. Bu sebeple, Filipililer 2:6-7 ayetleri İsa hakkında şöyle der: "...Tanrı özüne sahip olduğu halde, Tanrı'ya eşitliği sımsıkı sarılacak bir hak saymadı. Ama kul özünü alıp insan benzeyişinde doğarak ululuğunu bir yana bıraktı."

Üçlü Birlik'in Sureti

Başlangıçta; Tanrı, Işığın içindeki Söz'dü, ama insanın yetiştirilmesi için Üçlü Birlik'in suretine büründü. Eğer Tanrı'nın insanı yarattığı sahneyi düşünürsek, Tanrı'nın suretini tasavvur edebiliriz. Yaratılış 1:26 ayeti şöyle der: İnsanı kendi suretimizde, kendimize benzer yaratalım; Denizdeki balıklara, gökteki kuşlara, evcil hayvanlara, sürüngenlere, yeryüzünün tümüne egemen olsun." Burada geçen 'Kendi Suretimiz' ile kastedilen; Baba, Oğul ve Kutsal Ruh'tan meydana gelen Üçlü Birlik'tir. Ve ayetten Üçlü Birlik'in suretinde yaratıldığımızı anlayabiliriz.

Şöyle der: "İnsanı kendi suretimizde, kendimize benzer yaratalım." Ayrıca bu ayetten Üçlü Birlik'in suretini de anlayabiliriz. Hiç kuşku yok ki, insanı Tanrı'nın suretinde yaratmak sadece dış görünüşte Tanrı'ya benzerlik anlamını taşımaz. İnsan, içsel olarak, içindeki iyilik ve gerçekle de Tanrı'nın suretinde yaratılmıştır.

Fakat ilk insan Âdem, itaatsizlik günahını işlemiş ve yaratıldığında kendisine bahşedilen o ilk sureti kaybetmiştir. Bozulmuş, günahla ve kötülükle lekelenmiştir. Bu nedenle; bedenlerimizin ve yüreğimizin, Tanrı'nın suretinde yaratıldığını gerçekten kavrayabilirsek, Tanrı'nın bu kaybolan suretini de geri kazanabiliriz.

Tanrı, gerçek çocuklarını kazanmak için insanı yarattı

Uzamlara bölünmeden sonra Üçlü Birlik gerekli şeyleri birer birer yarattı. Örneğin, Işık ve Ses olarak bir başınayken, yaşam alanlarını belirleyen göğün katları mevcut değildi. Fakat surete büründükten sonra Kendisi için, melekler için ve Kendisine hizmet eden göksel varlıklar için katları yarattı. Dolayısıyla ilk olarak ruhani âlemin ruhani varlıklarını yarattı ve sonra ise, bizlerinde içinde yaşadığı evrendeki tüm şeyleri.

Kuşkusuz ki içinde yaşadığımız yeri ve göğü, ruhani âlemde her şeyi yarattıktan hemen sonra yaratmadı. Üçlü Birlik, ruhani âlemi yarattıktan sonra ölçülemez uzun bir süre boyunca orada göksel varlıklar ve meleklerle yaşadı. Böylesine uzunca bir süre sonra cismani uzamdaki tüm şeyleri yarattı. Ve ancak insanın yaşayabileceği çevreyi yarattıktan sonra insanı Kendi suretinde yarattı.

Peki, onca melek ve göksel varlığa rağmen Tanrı'nın insanı yaratmasının sebebi neydi? Çünkü gerçek çocuklarına sahip olmayı istedi. Gerçek çocuklar, Tanrı benzeyişinde olan ve O'nunla gerçek sevgiyi paylaşanlardır. Birkaç özel olanı hariç, göksel varlıklar ve melekler tıpkı robotlar misali şartsız itaat ve hizmet ederler. Eğer ebeveynlerle çocukları düşünecek olursanız, hiçbir anne ve baba itaatkâr robotları kendi çocuklarına tercih etmez. Birbirleriyle gönülden sevgi alışverişi içinde bulundukları için çocuklarını severler.

Öte yandan insanlar da, kendi özgür iradeleriyle Tanrı'ya itaat etmeye ve O'nu sevmeye muktedirlerdir. Kuşkusuz ki, insanlar Tanrı'nın yüreğini hemen anlayamaz ve doğar doğmaz O'nunla sevgi paylaşımında bulunamaz. Büyürken pek çok tecrübeden geçmek zorunda kalırlar ki, Tanrı'nın sevgisini duyumsayabilsinler ve insan olmanın görevini kavrayabilsinler. Ancak böyle insanlar Tanrı'yı yürekten sevebilir ve O'nun istemine itaat edebilir.

Böyle insanlar zorlandıkları için Tanrı'yı sevmez ya da cezalandırılma korkusuyla Tanrı'nın sözlerine itaat etmezler. Sadece Tanrı'yı sever ve kendi özgür iradeleriyle O'na şükran duyarlar. Ve böylesi bir duruş değişmez. Tanrı, yürekten gelen sevgi paylaşımında bulunabileceği gerçek çocuklarını kazanmak için insanın yetiştirilme sürecini planlamıştır. Bunun gerçekleşmesi için de ilk insan Âdem'i yaratmıştır.

İnsanın kökeni

Peki, insanın kökeni nedir? Yaratılış 2:7 ayeti şöyle der: "RAB Tanrı Âdem'i topraktan Yarattı ve burnuna yaşam soluğunu üfledi. Böylece Âdem yaşayan varlık oldu." Dolayısıyla insan; Darvinci Evrim teorisinin öne sürdüğü tüm şeylerin ötesinde özel bir varlıktır. İnsanlar, hayvanların evirilmesiyle bu günün seviyesine gelmemişlerdir. İnsan,

Tanrı'nın suretinde yaratılmıştır ve Tanrı, onun burnuna yaşam soluğunu üflemiştir. Yani; ruhu da, bedeni de Tanrı'dandır.

Bu sebeple insan, yukarıdan gelmiş ruhsal varlıklardır. Kendimizi diğer hayvanların biraz üzerinde, gelişmiş hayvanlar olarak düşünmemeliyiz. Evrimin kanıtı olarak sunulan fosillere bakacak olursak, farklı türleri birbirlerine bağlayan hiçbir aracı fosil yoktur. Fakat yaratılışın kanıtı ziyadesiyle çoktur.

Örneğin; tüm insan ırkının iki gözü, iki kulağı, bir burnu ve bir ağzı vardır. Ve bunların bulunduğu yer hepsinde aynıdır. Sadece insan da değil, tüm canlı türlerinin hemen hepsinde aynı yapı mevcuttur. İşte bu, tüm yaşayan canlıların tek bir Yaratan tarafından tasarlandığının kanıtıdır. Bundan başka; evrendeki her şeyin tek bir hata olmadan mükemmel bir düzen içinde işleyişi de Tanrı'nın yarattığının kanıtıdır.

Günümüzde pek çok insan, insanların hayvanlardan evrildiğini düşünür ve bu yüzden ne nereden geldiklerini ne de neden burada yaşadıklarını kavramazlar. Fakat bir kez Tanrı'nın suretinde yaratılan kutsal varlıklar olduğumuzu kavradığımızda, Babamızın kim olduğunu anlayabiliriz. Ve o zaman doğal olarak O'nun Sözü doğrultusunda yaşamaya ve O'na benzemeye çalışırız.

Salt öz babamızı, bedensel babamız olarak düşünebiliriz. Ama geriye doğru gidersek, ilk bedensel baba ilk insan Âdem'dir. O zaman insanı yaratan gerçek Babamızın Tanrı olduğunu anlayabiliriz. Yaşam tohumunu aslen bahşeden de Tanrı'dır. Bu bağlamda; ebeveynlerimiz, bu tohumların birleşmesi için bedenlerini bir araç olarak ödünç vermişlerdir ki bizler doğabilelim.

Yaşam tohumu ve hamilelik

Tanrı, yaşam tohumunu bahşetti. Erkeğe spermi ve kadına ovumu bahşetti ki çocuk sahibi olabilsinler. Bu sebepledir ki, insanlar kendi yetkinlikleriyle çocuk doğuramazlar. Tanrı, çocuk sahibi olmaları için onlara yaşam tohumunu vermiştir.

Yaşam tohumu, insanın tüm organlarını yaratan Tanrı'nın gücünü içinde barındırır. Çıplak gözle görülemeyecek kadar küçüktürler, ama kişilikleri, görünüşleri, alışkanlıkları ve yaşam-gücünü kendi içlerinde toplarlar. Ve çocuklar doğduklarında sadece ebeveynlerinin görünüşlerine değil, ama kişiliklerine de benzer.

Eğer insanın çocuk sahibi olacak yetkinliği olsaydı, neden bebek sahibi olmanın mücadelesini veren kısır eşler var? Hamilelik sadece Tanrı'ya aittir. Günümüz kliniklerinde yapay döllenme yapılır, ama asla ne sperm ne de ovum yaratılamaz. Yaratılışın gücünün yegâne sahibi Tanrı'dır.

Pek çok inanlı −sadece bizim kilisemizde değil, ama diğer ülkelerde de—Tanrı'nın bu yaratılış gücünü deneyim etmişlerdir. Evlilikleri süresince, hatta 20 yıl gibi uzunca bir zaman bebek sahibi olamamış pek çok çift vardır. Bunlar mevcut olan tüm yöntemleri denemiş, ama bir sonuca ulaşmamışlardır. Fakat dua aldıktan sonra pek çoğu sağlıklı bebekler doğurmuştur.

Birkaç yıl önce Japonya'dan bir çift buradaki bir diriliş toplantısına katıldı ve duamı aldı. Sadece hastalıklarından kurtulmakla kalmadılar, ama ayrıca çocuk sahibi olmakla da kutsandılar. Böyle haberler yayılır ve Japonya'dan pek çok insan duamı almak için geldi. Onlar da imanları doğrultusunda çocuk sahibi olmakla kutsandılar. Bu, kilisemizin bir şubesinin o bölgede açılmasıyla sonuçlandı.

Her-şeye-gücü-yeten Yaratıcı Tanrı

Bu gün ileri teknolojiye dayalı tıp bilimindeki gelişmeleri görüyoruz, ama yaşamı yaratmak ancak tüm yaşamın yöneticisi olan Tanrı'nın gücüyle mümkündür. O'nun gücüyle son nefeslerini verenler yaşama geri dönmüş, hastanelerde haklarında ölüm fermanı yazılanlar iyileşmiş, insani bilim veya tıpla iyileşemeyen pek çok hastalık şifa bulmuştur.

Tanrı'nın gürlediği özgün ses bir şeyi yoktan var edebilir. Hiçbir şeyin imkânsız olmadığı gücün işleri ortaya konabilir. Romalılar 1:20 ayeti şöyle der: "Tanrı'nın görünmeyen nitelikleri -sonsuz gücü ve Tanrılığı- dünya yaratılalı beri O'nun yaptıklarıyla anlaşılmakta, açıkça görülmektedir. Bu nedenle özürleri yoktur." Salt bu şeyleri görerek, her şeyin kökeni olan Yaratıcı Tanrı'nın gücünü ve ilahi doğasını görebiliriz.

Eğer insan, kendi bilgisi kapsamında Tanrı'yı anlamaya çalışırsa kesinlikle sınırlarla çevrilir. Bu yüzden pek çok insan, Kutsal Kitap'ta yazılı sözlere inanmazlar. Bazıları ise inandıklarını, ama Kutsal Kitap'ta mevcut her söze de tamamen inanmadıklarını söylerler. İsa, insanın bu halini bildiğinden, vaazlarını çok güçlü işlerle doğruladı. Ve şöyle dedi: "Sizler belirtiler ve harikalar görmedikçe iman etmeyeceksiniz" (Yuhanna 4:48).

Aynısı günümüz içinde geçerlidir. Eğer her-şeye-gücü-yeten bu Tanrı'ya inanıyor ve tamamıyla O'na güveniyorsanız, her sorun çözümlenebilir ve hastalıklar şifa bulabilir.

Tanrı, tüm şeyleri şu sözleriyle yaratmaya başladı: "Işık olsun". Yaratıcı Tanrı'nın özgün sesi gürlediğinde körler görmeye, tekerlekli sandalyede olanlar ya da koltuk değneği kullananlar sıçrayarak yürümeye başlar. Tanrı'nın özgün sesi gürlediği zaman imanla tüm dualarınızın ve dileklerinizin yanıtı almanızı umut ediyorum.

Emmanuel Marallano Yaipen (Lima, Peru)

AIDS korkusundan azat edilmek

2001 yılında orduya katılmak için sağlık kontrolünden geçtim ve orada, "HIV pozitifsiniz," sözlerini duydum. Beklenmedik bir haberdi ve lanetlendiğimi hissettim.

Sık ishali çok ciddiye almamıştım.

Sandalyeye çöktüm ve oldukça çaresiz hissettim.

'Anneme bunu nasıl söylerim?'

Acı içindeydim, ama kalbim annemi düşünmekten daha da kırıktı. Çok sıklıkla ishal oluyordum ve hem ağızımda hem de parmak uçlarımda küflenme vardı. Ölüm korkusu beni yavaş yavaş esiri etmeye başladı.
Fakat sonra Tanrı'nın güçlü bir hizmetkârının 2004 Aralık ayında,

Güney Kore'den Peru'ya geleceğini duydum. Ama hastalığıma şifa bulacağımı düşünmedim.

Aklımdan çıkardım, ama anneannem bu toplantıya katılmam için beni zorladı. Ve en sonunda Rev. Dr. Jaerock Lee'nin 2004 Peru Birleşmiş Toplantısının yapılacağı 'Campo de Marte' adlı yere gittim. Bu son umuda tutunmayı istiyordum.

Vaazı dinlerken bedenim çoktan Kutsal Ruh'un gücüyle büyük bir titreme içindeydi. Ortaya konulan Kutsal Ruh'un işleri bir dizi mucizeydi.

Rev. Dr. Jaerock Lee, her bir katılımcı için bireysel değil, tüm kalabalık için toplu dua etti. Fakat buna rağmen pek çok insan iyileştiğine tanıklık etti. Pek çokları tekerlekli sandalyelerinden ayağa kalktı ve koltuk değneklerini attı. Pek çokları, şifası olmayan hastalıklarından iyileştiği için sevinç içindeydi.

Bana da bir mucize oldu. Toplantıdan sonra tuvalete gittiğimde uzunca bir zamandan sonra ilk kez idrarımın normal olduğunu

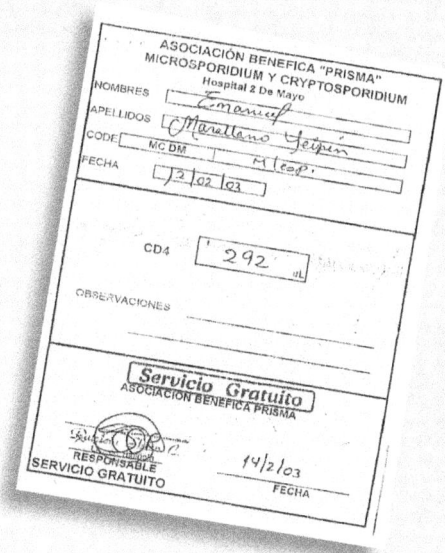

gördüm. İshal durumum iki buçuk ay içinde sonlandı. Bedenimin hafiflediğini hissettim. İyileştiğime emindim ve hastaneye gittim. Tanıya göre; CD4 hücre sayımı normal aralıkta olacak şekilde dramatik bir artış göstermişti.

AIDS, modern çağımızın KARA VEBASI diye adlandırılan ve çaresi olmayan bir hastalıktır. HIV, CD4 bağışıklık hücrelerini yok eder. Ve bu, diğer komplikasyonlara ve sonunda ölüme neden olan oldukça düşük bağışıklık işlevine yol açar.
CD4 bağışıklık hücreleri ölüyordu ve onların Rev. Dr. Jaerock Lee'nin duasıyla eski hallerine dönmesi gerçekten olağanüstüdür.

Olağanüstü Şeyler'den Alıntıdır

# Gökler

> Tanrı ilk haliyle göğün dördüncü katında yaşar ve birinci, ikinci ve üçüncü katlarıyla tüm göksel egemenliği yönetir.

Göğün birçok katı

Göğün birinci ve ikinci katları

Aden Bahçesi

Göğün üçüncü katı

Tanrı'nın bulunduğu göğün dördüncü katı

Her-şeye-gücü-yeten Yaratan Tanrı

Her-şeye-gücü-yeten Tanrı insani sınırların ötesindedir

Her-şeye-gücü-yeten Yaratan Tanrı'yla tanışmak

"Tek RAB sensin. Gökleri, göklerin göklerini, bütün gök cisimlerini, yeryüzünü ve içindeki her şeyi, denizleri ve içlerindeki her şeyi sen yarattın. Hepsine sen can verdin. Bütün gök cisimleri sana tapınır."

(Nehemya 9:6)

Tanrı, insanın sınırlarının ötesindedir. Sonsuzluk öncesi ve sonsuzluk boyunca hep var olmuştur. O'nun yaşadığı boyut bizim dünyamızdan tamamen farklıdır. İnsanın yaşadığı görülebilir dünya cismani, Tanrı'nın yaşadığı uzam ise ruhanidir. Ruhani dünya kesinlikle vardır, ama cismani gözlerimiz görmediğinden insanlar varlığını inkâr etme eğiliminde olurlar.

Geçmişte bir astronot şöyle demişti: "Evrene yolculuk ettim ama Tanrı orada yoktu." Ne akılsızca bir yorum! Tüm görülebilir evrenin var olan her şey olduğunu düşünüyor. Fakat astronotlar bile bu görülebilir evrenin sınırsız olduğunu söyleyemez. Ve bu astronot, bu muazzam evrenin ne kadarını gördü de, Tanrı'nın varlığını inkâr edebildi? İnsani sınırlarımızla içinde yaşamakta olduğumuz evrendeki tüm şeyleri bile açıklayamayız.

Göğün birçok katı

Nehemya 9:6 ayeti şöyle der: "Tek RAB sensin. Gökleri, göklerin göklerini, bütün gök cisimlerini, yeryüzünü ve içindeki her şeyi, denizleri ve içlerindeki her şeyi sen yarattın. Hepsine sen can verdin. Bütün gök cisimleri sana tapınır." Bu ayet, bir değil, ama göğün birçok katı olduğunu bize söyler.

O zaman göğün gerçekten de kaç katı vardır? Eğer göksel egemenliğe inanıyorsanız, muhtemelen göğün iki katı olduğunu düşünüyorsunuzdur. Birincisi; bu cismani dünyadaki gökyüzü ve diğeri de ruhani dünyada ki göksel egemenliktir. Fakat Kutsal Kitap, pek çok yerde olan çoğul gökten bahseder.

"Göklere, kadim göklere binmiş olanı. İşte sesiyle, güçlü sesiyle gürlüyor!" (Mezmurlar 68:33).

"Tanrı gerçekten yeryüzünde yaşar mı? Sen göklere, göklerin göklerine bile sığmazsın. Benim yaptığım bu tapınak ne ki!" (1. Krallar 8:27)

"On dört yıl önce alınıp üçüncü göğe götürülmüş bir Mesih izleyicisi tanıyorum. Bu, bedensel olarak mı, yoksa beden dışında mı oldu, bilmiyorum, Tanrı bilir" (2. Korintliler 12:2).

Göğün üçüncü katına alınan elçi Pavlus, göğün birinci, ikinci ve üçüncü katları olduğunu ve hatta fazlası da olabileceğini bizlere söyler.

Ayrıca İstefanos, Elçilerin İşleri 7:56 ayetinde şöyle der: "Göklerin açıldığını ve İnsanoğlu'nun Tanrı'nın sağında durmakta olduğunu görüyorum." Eğer insanın ruhani gözleri açılırsa ruhani dünyayı görebilir ve göksel egemenliğin var olduğunu anlayabilir.

Günümüzde bilim insanları bile pek çok gökten bahseder. Bu konunun önde gelen bilim insanlarından biri olan kozmolog Max Tegmark, dört-seviyeli çoklu evren kavramını tanıtmıştır.

Kozmolojik gözlemlere dayanarak; evrenimizin kısaca birden fazla evrenin var olduğu tüm evrenin bir parçası olduğunu ve her bir evrenin tamamen farklı fiziksel özellikler gösterebileceğini söyler.

Farklı fiziksel özelliklerden kasıt, zaman ve uzam bakımından farklı olabilecekleridir. Hiç kuşkusuz ki bilim, ruhani dünyayla ilgili her şeyi açıklayamaz. Fakat bilimsel yaklaşımla bile evrenimizin var olan tek evren olmadığı gerçeğini en azından düşünebiliriz.

Göğün birinci ve ikinci katları

Göğün birçok katı genelde iki alt kategori de sınıflandırılabilir: göğün gözlerimizle görünmeyen ruhani katı ve içinde yaşadığımız cismani katı. İçinde yaşadığımız cismani evren göğün birinci katıdır ve göğün ikinci katından itibaren ruhani dünya yer alır. Göğün ikinci katında Aden Bahçesi'nin yer aldığı ışıklı bir bölgeyle, kötü ruhların yaşadığı karanlık bir bölge bulunur.

Efesliler 2:2 ayeti, kötü ruhların 'havadaki hükümranlığın egemeni' olduğunu, 'havanın' göğün ikinci katında yer aldığını söyler. Yaratılış 3:24 ayeti, yaşam ağacının yolunu denetlemek için Aden Bahçesi'nin doğusuna Keruvlar ve her yana dönen alevli bir kılıç yerleştirildiğini bize söyler.

"Onu kovdu. Yaşam ağacının yolunu denetlemek için de Aden bahçesinin doğusuna Keruvlar ve her yana dönen alevli bir kılıç yerleştirdi."

Peki, Tanrı neden onları doğuya yerleştirdi? Çünkü 'doğu', kötü ruhlarla Tanrı'ya ait olan Aden Bahçesi arasında bir hudut çizgisi görevi görür. Tanrı, kötü ruhların sızarak yaşam ağacından yemelerini ve sonsuz yaşamı elde etmelerini önlemek için bahçeyi kontrol altına aldı.

Âdem'e, iyilik ve kötülüğün bilgisini taşıyan ağacın meyvesinden yemeden önce, Aden Bahçesi'ni ve göğün birinci katındaki her şeyi yönetme yetkinliği Tanrı tarafından bahşedilmişti. Fakat Âdem, Tanrı'nın sözüne itaatsizlik ettiği ve bilgi ağacından yediği için Bahçe'den kovuldu. Ve o zamandan beri de Yaşam Ağacı'nın bulunduğu Aden Bahçesi'ni denetlemek için başkalarına ihtiyaç duyuldu. İşte bu sebeple; Tanrı, Bahçe'yi koruması için Âdem'in yerine keruvları ve dönen kılıcı yerleştirdi.

Aden Bahçesi

Tanrı, Yaratılış'ın ikinci bölümünde yeryüzünün toprağından Âdem'i yarattıktan sonra, Aden'de bir de bahçe yarattı ve Âdem'i oraya yerleştirdi. Âdem 'yaşayan bir varlık' ya da yaşayan bir ruhtu. Yaşam nefesini Tanrı'dan alan ruhani bir varlıktı. Bu yüzden Tanrı, yaşaması için onu ruhani bir uzam olan göğün ikinci katına getirdi.

Tanrı ayrıca göğün birinci katında yer alan yeryüzünde ki her şey üzerinde yetkin olmakla Âdem'i kutsadı. Fakat Tanrı'ya itaatsizlik günahını işledikten sonra Âdem'in ruhu öldü ve artık ruhani uzamda yaşayamazdı. İşte bu nedenle yeryüzüne atıldı.

Ve bu gerçeği kavramayanlar hala Aden Bahçesi'ni yeryüzünde aramaktadırlar. Çünkü Aden Bahçesi'nin bu cismani dünyada değil, ama göğün ikinci katında yer aldığını anlamazlar.

Gize, Mısır piramitleri dünyanın harikalarından biridir ve öylesine sofistike ve büyüktürler ki, insan teknolojisiyle inşa edilmemiş hissini uyandırırlar. Her bir taşın ortalama ağırlığı 2,5 tondur ve bir piramit 2,3 milyon taştan oluşur. Tüm bu taşları nereden buldular? Ayrıca piramitlerin inşasında o çağda ne çeşit araçlar kullanıldı?

Bu piramitleri kim inşa etti? Göğün birçok katını ve ruhani uzamı anlarsak bu soruya kolayca yanıt verilebilir. Daha fazla detay, Yaratılış Üzerine Konuşmalar'da açıklanmıştır. Âdem,

Aden Bahçesi'nden itaatsizliği yüzünden kovulduğuna göre şimdi orada kimler yaşıyor?

Yaratılış 3:16 ayetinde Tanrı, günah işleyen Havva'ya şöyle der: "Çocuk doğururken sana çok acı çektireceğim." Ayette geçen 'çok' kelimesi doğumda acı çekildiğini, ama bu acının daha da arttırılacağı anlamına gelir. Ayrıca Yaratılış 1:28 ayeti, Âdem ile Havva'nın 'çoğaldığını' bize söyler; yani Havva, Aden Bahçesi'nde yaşarken doğum yapmıştır.

Dolayısıyla Âdem ile Havva'nın, Aden Bahçesi'nde sahip oldukları çocuklarının sayısı saymakla bitmezdi. Ve onlar, Âdem ile Havva'nın günahları sebebiyle kovulmasından sonra bile hala Aden Bahçesi'nde yaşamaktadırlar. Âdem'in günah işlemesinden önce Aden Bahçesi'nde yaşayanlar yeryüzüne özgürce gelip gidebiliyorlardı, ama Âdem'in kovulmasından sonra kısıtlamalar gelmiştir.

Göğün birinci katıyla ikinci katı arasındaki zaman ve uzam kavramı çok farklıdır. Göğün ikinci katında da zaman mevcuttur, ama cismani dünyamızın içinde bulunduğu birinci katı gibi sınırlı değildir. Aden Bahçesi'nde kimse yaşlanmaz ya da ölmez. Hiçbir şey çürümez ya da yok olmaz. Uzunca bir zaman geçse dahi, Aden Bahçesi'nde yaşayanlar zamanı pek hissetmezler. Akmayan sabit bir zaman içerisinde yaşıyor gibi hissederler. Ayrıca Aden'in uzamı sınırsızdır.

Eğer göğün birinci katındaki insanlar ölmeseydi, bir gün insanlarla dolup taşardı. Fakat göğün ikinci katında uzam sınırsız olduğundan, ne kadar insan doğarsa doğsun asla dolup taşmaz.

Göğün üçüncü katı

Göğün, ruhani dünyaya ait bir başka katı daha vardır. Burası, göksel egemenliğin bulunduğu üçüncü katıdır. Burası, Tanrı'nın kurtulan çocuklarının sonsuza dek yaşayacağı yerdir. Elçi Pavlus, Rab'den net vahiyler ve görümler almış ve 2. Korintliler 12:2-4 ayetlerinde şöyle demiştir: "On dört yıl önce alınıp üçüncü göğe götürülmüş bir Mesih izleyicisi tanıyorum—Bu, bedensel olarak mı, yoksa beden dışında mı oldu, bilmiyorum, Tanrı bilir—Bu adamın—bedensel olarak mı, yoksa bedenden ayrı mı oldu, bilmiyorum, Tanrı bilir—cennete götürüldüğünü ve orada, dille anlatılamaz, insanın söylemesi yasak olan sözler işittiğini biliyorum."

Nasıl ki her ülkenin bir başkenti, küçük şehirleri ve kasabaları vardır, Tanrı'nın tahtının bulunduğu Yeni Yeruşalim ile başlayıp göksel egemenliğin dış mahallesi sayılan cennete kadar göksel egemenlikte pek çok yer bulunmaktadır. Gideceğimiz yerler; Tanrı'yı ne kadar çok sevdiğimize, gerçeğin yüreğini ne kadar yetiştirdiğimize ve yeryüzündeyken Tanrı'nın kaybolan suretini ne kadar geri kazandığımıza bağlı olarak farklılık gösterir.

Zaman ve uzam açısından; göğün üçüncü katı ikinci katına nazaran daha da az sınırlıdır. Sonsuz zamana ve uzama sahiptir. Göğün birinci katında yaşayan insan için göksel egemenliğin zaman ve uzamını anlamak zordur. Bir balon hayal edelim. Havayı üflemeden önce balonun alanı ve hacmi sınırlıdır. Fakat bu, üflediğiniz hava ölçüsünde keskin bir şekilde değişir. Göksel egemenliğin uzamı da buna benzer. Yeryüzünde bir ev inşa ettiğimizde araziye ihtiyacımız vardır ve bu arazi üzerinde oluşturacaklarımız sınırlıdır. Fakat göğün üçüncü katındaki evler yeryüzündekinden çok farklı bir yöntemle inşa edilir, çünkü alan, hacim, uzunluk ya da yükseklik kavramları bu dünyanın çok ötesindedir.

Tanrı'nın bulunduğu göğün dördüncü katı

Göğün dördüncü katı; Tanrı'nın, başlangıçtan ve tüm evreni birkaç kata böldükten önceki özgün yeridir. Göğün dördüncü katında zaman ve uzam kavramları anlamsızdır. Göğün dördüncü katı, zaman ve uzamla ilgili tüm kavramların ötesindedir ve bu yerde, Tanrı'nın zihninde arzuladığı her şey hemen o anda meydana gelir.

Dirilen Rab, Yahudilerden korktukları için tüm kapıları kapalı bir evde gizlenen öğrencilerine göründü (Yuhanna 20:19-29). Kimsenin ona kapıyı açmamasına rağmen evin ortasında belirdi. Ve yine bir anda, Taberiye Gölü'nde bulunan öğrencilerine göründü ve onlarla birlikte yemek yedi (Yuhanna 21:1-14). Kırk gün boyunca bu dünyadaydı ve pek çok insanın gözleri önünde bulutlar içinde göğe yükseldi. Dirilen İsa Mesih'in cismani uzam ve zamanın ötesinde olduğunu görebiliriz.

Tanrı'nın ilk haliyle mevcut olduğu göğün dördüncü katında daha neler vardır? Işığın içindeki Ses olarak tüm evrendeki tüm uzamları nasıl barındırıp yönettiyse, göğün dördüncü katından göğün birinci, ikinci ve üçüncü katlarını da yönetir.

Her-şeye-gücü-yeten Yaratan Tanrı

İnsanların yaşadığı bu dünya, diğer muazzam ve gizemli göklerle kıyas edildiğinde, oldukça küçük bir parçacıktır.

Yeryüzündeki insanlar, türlü türlü zorluk ve sıkıntılardan geçerek daha iyi yaşamlar sürdürmek adına mümkün olan her şeyi yaparlar. Onlar için bu dünyadaki şeyler oldukça karmaşık ve sorunlar ise çözülmesi zordur. Fakat bunlardan hiç biri Tanrı için sorun teşkil etmez.

Karıncaların dünyasını izleyen bir adam düşünün. Bazı zamanlar karıncalar yiyeceklerini taşırken büyük güçlük çekerler. Fakat adam, o yiyeceği karınca yuvasına kolayca koyabilir. Eğer bir tanesi karşıya geçmekte zorlanacağı bir su birikintisiyle karşılaşırsa, adam onu eline alarak karşı tarafa geçirebilir. Karıncaların yüzleştiği sorunlar ne kadar zor olursa olsun, adam için sadece küçük bir şeydir. Benzer şekilde; her-şeye-gücü-yeten Tanrı'nın yardımıyla hiçbir şey sorun olmaz.

Eski Ahit pek çok kez Tanrı'nın her-şeye-gücü-yeterliğine tanıklık eder. Her-şeye-gücü-yeten Tanrı'nın gücüyle Kızıl Deniz ikiye ayrılmış, Şeria Irmağı'nın taşkınlığı durmuştur. Güneş ve ay yerinde durmuş ve Musa asasını bir taşa vurduğunda oradan su fışkırmıştır. Bir insanın büyük gücü, zenginliği ve bilgisi olsa bile bir denizi ortadan ikiye ayırması ya da güneşle ayı durdurması mümkün müdür? İsa, Markos 10:27 ayetinde şöyle der: "İnsanlar için bu imkânsız, ama Tanrı için değil. Tanrı için her şey mümkündür."

Yeni Ahit ayrıca Tanrı'nın gücüyle hastaların şifa bulduğu, sakatların iyileştiği, hatta ölülerin dirildiğiyle ilgili pek çok örnek sunar. Pavlus'un bedenine değen peşkir ve peştamaller hastalara götürüldüğünde, hastalıklar yok olmuş ve hatta kötü ruhlar içlerinden çıkmıştır.

Her-şeye-gücü-yeten Tanrı insanı sınırların ötesindedir

Günümüzde bile Tanrı'nın gücünün yardımını alırsak hiç bir sorun olmaz. Hatta gözle görülür şekilde, en zor sorunlar dahi fazla sorun teşkil etmez. Ve bu, vaaz verdiğim kilisede kanıtlanmıştır. İnanlılar, vaazlar esnasında Tanrı'nın sözünü duydukça ve şifa duaları aldıkça, AIDS dâhil çaresi bulunmayan pek çok hastalık iyileşmiştir.

Sadece Güney Kore'de değil, ama ayrıca dünyadaki sayısız insan Kutsal Kitap'ta yazılı şifanın olağanüstü işlerini deneyim etmiştir. Bu işler bir keresinde CNN'de yayınlanmıştır. Ayrıca üzerlerine dua ettiğim mendillerle dua eden yardımcı pederlerimiz vardır. Bu dualar vesilesiyle ilahi şifanın çarpıcı işleri, ırkların ve kültürlerin ötesinde gerçekleşmiştir.

Benim içinde tüm yaşamımın sorunları, Yaratan Tanrı'yla tanışmamdan sonra çözülmüştür. Öylesine çok hastalıkla boğuşmuşumdur ki, bana 'hastalıklar' mağazası takma ismini vermişlerdir. Aile içinde huzur kalmamıştır. Umuda ait tek bir iz görememişimdir. Fakat bir kilisede dizlerimin üzerine çöktüğüm anda tüm hastalıklarımdan iyileştim. Tanrı, mali borçlarımı ödemekle beni kutsadı. Öylesine borçluydum ki, bu hayatımda geri ödemek imkânsız görünüyordu. Fakat birkaç ay içinde ödeyebildim. Aileme mutluluk ve neşe geri döndü. Her şeyin ötesinde; Tanrı beni rahip olmak için çağırdı ve sayısız insanı kurtarmam için bana gücünü bahşetti.

Günümüzde pek çok insan Tanrı'ya inandığını söyler, ama gerçek bir imanla yaşayanlar çok azdır. Bir sorunları olduğunda Tanrı'ya güvenmek yerine insani yöntemlere başvururlar. Kendi yöntemleriyle sorunları çözülmediğinde hüsrana uğrar ve bezginliğe düşerler. Hastalandıklarında Tanrı'ya değil, ama hastanelerdeki doktorlara güvenirler. İşleri iyi gitmediğinde kâh orada kâh burada yardım ararlar.

Fiziksel zorluklar yüzünden bazı inanlılar Tanrı'ya yakınır ya da imanlarını kaybeder. Zulme uğradıklarında ya da doğru yolda yürüdükleri için kayıplar yaşadıklarında, imanlarında istikrarı ve doluluğu kaybederler. Ama eğer Tanrı'nın tüm gökleri yarattığına ve her şeyi mümkün kıldığına inanırlarsa, kesinlikle bunları yapmazlar.

Tanrı, insanların tüm iç organlarını yaratmıştır. Tanrı'nın iyileştiremeyeceği ciddi bir hastalık olabilir mi? Tanrı şöyle demiştir: "Gümüş de, altın da benim" (Hagay 2:8). Çocuklarını zengin kılamaz mı? Tanrı, her şeyi yapabilir, ama insan her-şeye-gücü-yeten Tanrı'ya güvenmediğinden bezginliğe düşer ya da cesaretini kaybederek gerçekten uzaklaşır. Bir kişinin ne tür sorunu olursa olsun, hakikatle yürekten Tanrı'ya güvendiğinde ve O'na dayandığında o sorunu çözebilir.

Her-şeye-gücü-yeten Yaratan Tanrı'yla tanışmak

2. Krallar 5. Bölümde yer alan ordu komutanı Naaman'ın hikâyesi, her-şeye-gücü-yeten Tanrı'dan sorunlarımıza nasıl yanıt alacağımıza dair bize bir ders verir. Naaman, Aram ordusunun komutanıydı, ama deri hastalığı için hiçbir şey yapamıyordu.

Bir gün İsrail'li küçük bir hizmetçiden, İsrail'li peygamber Elişa'nın ortaya koyduğu Tanrı gücünü duydu. Naaman bir İbrani değildi ve Tanrı'ya inanmıyordu, ama iyi bir yüreği olduğundan bu küçük kızın söylediklerine kulaklarını tıkamadı. Tanrı adamı Elişa için değerli şeyler hazırladı ve uzun yola çıktı.

Fakat Elişa'nın evine vardığında peygamber ne onun için

dua etti ne de onu karşılamaya çıktı. Peygamberin tüm yaptığı, uşağıyla mesaj gönderip Şeria Irmağı'nda yedi kez yıkanmasını söylemek oldu. Başta gücense de, fikrini değiştirip itaat etmesi uzun sürmedi. Kendi düşüncesine göre Elişa'nın fikirleri ve söyledikleri bir anlam ifade etmese de, Tanrı'nın gücüyle işler ortaya koyan Tanrı'nın bir peygamberi bu sözleri sarf ettiğinden güvendi ve itaat etti.

Naaman, Şeria Irmağı'na yedi kez dalıp çıktıktan sonra deri hastalığı mucizevi bir şekilde tamamen iyileşti. Şeria Irmağı'na bedenini daldırıp çıkarması neyi simgeler? Su, Tanrı'nın Sözüdür. Yani bir kişi, tıpkı suyun bedeni temizlemesi gibi Tanrı'nın Sözüyle yüreğini kötü şeylerden temizlerse bağışlanabilir. Çünkü yedi sayısı mükemmelliği simgeler ve yedi kez dalıp çıkması tamamen bağışlandığını gösterir.

Açıklanmış olduğu gibi; biz insanların her-şeye-gücü-yeten Tanrı'dan yanıt alabilmesi için, günahlarımızdan bağışlanması ve iletişim yollarımızın açılması gerekir. Yeşaya 59:1-2 ayetlerinde şöyle yazar: "Bakın, RAB'bin eli kurtaramayacak kadar kısa, kulağı duyamayacak kadar sağır değildir. Ama suçlarınız sizi Tanrınız'dan ayırdı. Günahlarınızdan ötürü O'nun yüzünü göremez, Sesinizi işittiremez oldunuz."

Eğer Tanrı'yı bilmeseydik ve İsa Mesih'e iman etmeseydik, İsa Mesih'e iman etmediğimiz için tövbe etmemiz gerekirdi (Yuhanna 16:9). Tanrı, kardeşlerinden nefret edenin katil olduğunu (1. Yuhanna 3:15) ve kardeşlerimizi sevmediğimiz için tövbe etmemiz gerektiğini söyler Yakup 4:2-3 ayetleri şöyle der: "Bir şey arzu ediyor, elde edemeyince adam öldürüyorsunuz. Kıskanıyorsunuz, isteğinize erişemeyince çekişip kavga ediyorsunuz. Elde edemiyorsunuz, çünkü

Tanrı`dan dilemiyorsunuz. Dilediğiniz zaman da dileğinize kavuşamıyorsunuz. Çünkü kötü amaçla, tutkularınız uğruna kullanmak için diliyorsunuz" Dolayısıyla; açgözlülük ve kuşkuyla dua etmekten tövbe etmeliyiz (Yakup 1:6-7).

Dahası; imanımızı dile getiriyor ama Tanrı'nın Sözünü uygulamaya koymuyorsak, tamamıyla tövbe etmeliyiz. Salt üzgün olduğumuzu söylememeli, ama gözyaşları içinde yüreklerimizi paralamalıyız. Ancak Tanrı'nın Sözüyle yaşayacağımıza dair sağlam bir kararlığa sahip olduğumuzda ve sözü gerçekten uyguladığımızda, tövbemiz gerçek bir tövbe sayılır.

Yasa'nın Tekrarı 32:39 ayeti şöyle der: "Artık anlayın ki, ben, evet ben O`yum, Benden başka tanrı yoktur! Öldüren de, yaşatan da, yaralayan da, iyileştiren de benim. Kimse elimden kurtaramaz" İşte inandığımız Tanrı budur.

Tanrı, tüm gökleri ve içindeki her şeyi yarattı. Halimizle ilgili her şeyi O bilir. Dualarımızın hepsini yanıtlayacak kadar güçlüdür. İnsanlar için hal vaziyet ne kadar çaresiz ya da depresif olsa da, madeni bir paranın çevrilişi gibi, O, her şeyi bir anda çevirebilir. Bu yüzden sadece Tanrı'ya güvenen gerçek bir imanla dualarınızın ve yüreklerinizin arzularının yanıtlarını almanızı umut ediyorum.

Dr. Vitaliy Fishberg (New York, Amerika Birleşik Devletleri)

Mucizeler Sahnesinde

Moldova tıp okulundan mezun olmadan önce Moldova, Ukrayna, Rusya ve Beyaz Rusya'da tanınan 'Aile Doktorunuz' adlı bir tıp dergisinde yazı işlerinden sorumluydum. 1997 yılında Amerika'ya yerleştim. Natüropati üzerine doktora, Klinik Beslenme ve Bütünleyici Tıp üzerine Ph-D, ortomoleküler üzerine doktora ve Doğal Sağlık Bilimleri üzerine de fahri doktora yaptım. Eğitimimden sonra Amerika'ya geldiğimde Rus cemiyeti içerisinde kısa sürede ünlendim ve pek çok gazete makalelerimi her hafta yayınladı. 2006 yılında Madison Square Garden'da büyük bir Hristiyan toplantısı olacağı haberini duydum. Manmin Kilisesi'nden bir heyetle tanışma fırsatını yakaladım ve onların sayesinde Kutsal Ruh'un gücünü hissettim. İki hafta sonra da dua toplantısına katıldım.

Rev. Dr. Jaerock Lee, İsa'nın neden Kurtarıcımız olduğuyla ilgili vaaz verdikten sonra tüm katılımcılar için dua etti. "Rab, onları iyileştir! Baba, Tanrı, eğer verdiğim vaaz gerçek değilse, bu gece güçlü işler ortaya koymama izin verme! Ama eğer gerçek ise, pek çok insanın yaşayan Tanrı'nın kanıtını görmesine izin ver. Sakatları yürüt! Duyamayanların duymasını sağla! Tüm çaresi olmayan hastalıklar Kutsal Ruh'un ateşiyle yansın ve insanlar şifa bulsun!"

İşittiğim bu dua karşısında şok içindeydim. Ya eğer ilahi bir şifa gerçekleşmeseydi? Nasıl kendinden bu kadar emin bir şekilde dua edebiliyordu? Fakat hastalar için edilen duanın öncesinde olağanüstü işler zaten meydana geliyordu. Kötü ruhlardan mustarip kişiler azat oldu. Dilsizler konuşmaya başladı. Körler görmeye başladı. Pek çok insan duyma kayıplarının şifa bulduğuna tanıklık etti. Pek çok insan tekerlekli sandalyelerinden ayağa kalktı ve koltuk değneklerini attı. Bazıları AIDS'ten iyileştiklerine tanıklık etti.

Toplantı ilerledikçe Tanrı'nın gücü daha fazla ortaya kondu. Farklı ülkelerden gelen Dünya Hristiyan Doktorlar Ağı (WCDN) doktorları, tanıklıkları dinlemek için bir masa kurdular. Tıbbi açıdan tanıklıkları doğrulamaya çalıştılar ve sona doğru, iyileştiklerine tanıklık eden tüm insanların kayıtlarını almaya doktorların sayısı yetmedi.

Queens'ten 54 yaşındaki Nubia Cano'ya, 2003 yılında vertebral kanser teşhisi konmuştu. Ne hareket edebiliyor ne de yürüyebiliyordu. Zamanının çoğunu yatakta geçiriyor ve her iki saatte bir dayanılmaz acılarını dindirmesi için morfin alıyordu. Doktorlar bir daha yürüyemeyeceğini ona söylemişlerdi.

Bir dostuyla "Rev. Dr. Jaerock Lee ile 2006 New York Misyon Seferine" katıldığında pek çok insanın şifa bulduğunu görmüş ve iman kazanmaya başlamıştı. Rev. Dr. Lee'nin duasını aldığında vücudunda bir sıcaklık hissetti. Sanki biri sırtına masaj yapıyordu. Sırt ağrıları sonlandı ve o günden beri yürüyebilmekte ve belini eğebilmekte. Doktoru onu—bir daha hiç yürümeyecek birini— özgürce yürür halde gördüğünde şaşkınlık içinde kaldı. Hatta şimdi merenge dansı bile yapabiliyor.

Brooklyn'de yaşayan Maximillia Rodriguez'de görme kaybı vardı. 14 yıldır lens ve 2 yıldır ise gözlük kullanıyordu. Dua toplantılarının son gününde Rev. Dr. Lee'nin duasını imanla aldı ve gözlükleri olmadan görebildiğini hemen fark etti. Bu gün gözlüklerinin yardımı olmadan

WCDN tıp doktorlarının doğruladığı tanıklıklar

İncil'in en ayrıntılı baskılarını bile okuyabiliyor. Görme yetisindeki yadsınamaz gelişmeyi fark edip doğruladıktan sonra, göz doktoru şahit oldukları karşısında sadece hayranlık duyabildi.

Temmuz 2006 yılında gerçekleştirilen Madison Square Garden seferi gerçek anlamda bir mucizeler sahnesiydi. Tanrı'nın gücüne şahit olmaktan öylesine etkilendim. Tanrı'nın gücü beni değiştirdi ve yaşamın yeni bir rotasını görmemi sağladı. Tanrı'nın şifa veren işlerini tıbben doğrulayan Tanrı'nın bir aracı olmaya ve onların tüm dünyaca tanınmasını sağlamaya karar verdim.

- Olağanüstü Şeyler'den Alıntıdır -

Üçlü Birlik

> İnandığımız Tanrı tektir.
> Ama Kendisinde üç zat vardır:
> Baba, Oğul ve Kutsal Ruh.

İnsanın Yetiştirilmesinde Tanrı'nın takdiri ilahisi
Üçlü Birlik'in doğası ve düzeni
Üçlü Birlik'in rolü
Oğul İsa kurtuluş yolunu açar
Kutsal Ruh kurtuluşu tamamlar
Ruh'u söndürmeyin
İnsanın yetiştirilme sürecinin yöneticisi Baba Tanrı
Üçlü Birlik kurtuluşun takdiri ilahisini yerine getirir
Üçlü Birlik'in ve Kutsal Ruh'un işlerini inkâr etme

"Bu nedenle gidin, bütün ulusları öğrencilerim olarak yetiştirin; onları Baba, Oğul ve Kutsal Ruh`un adıyla vaftiz edin;"

(Matta 28:19)

Üçlü Birlik demek; Baba, Oğul ve Kutsal Ruh birdir demektir. İnandığımız Tanrı tektir. Ama O'nda üç zat mevcuttur: Baba, Oğul ve Kutsal Ruh. Onlar tek olduğu sebebiyle 'Üçlü Teslis' ya da Üçlü Birlik' deriz.

Bu, Hristiyanlığın çok önemli bir doktrinidir, fakat bu konuyu doğru ve detaylı anlatacak birini bulmak nadirdir. Çünkü sınırlı düşünceleri ve teorileriyle insanın Tanrı'nın özgün halini anlaması çok zordur. Fakat Üçlü Birlik'i anladığımız ölçüde, O'nun yüreğini ve istemini daha net anlayabilir ve O'nunla iletişim içinde kutsamalarını ve dualarımızın yanıtlarını alabiliriz.

İnsanın Yetiştirilmesinde Tanrı'nın takdiri ilahisi

Mısır'dan Çıkış 3:14 ayetinde Tanrı şöyle der: "BEN BEN`İM" Tanrı'yı hiç kimse doğurmamış ve yaratmamıştır. O sadece başlangıçtan bu yana hep var olmuştur. İnsanın anlayış ve tasavvurunun ötesindedir. O'nun ne başlangıcı vardır, ne de sonu. O, sonsuzluk öncesi ve sonsuzluk boyunca hep var olmuştur. Yukarıda da bahsedilmiş olduğu gibi; Tanrı, sonsuz uzamda ahenkli bir sesin yankılandığı Işık olarak bir başına idi (Yuhanna 1:1; 1. Yuhanna 1:5). Fakat bir noktada, sevgi paylaşabileceği birileri olmasını istedi ve gerçek çocuklarını edinmek için insanın yetiştirilme sürecini planladı.

İnsanın yetiştirilme sürecini başlatmak için önce boşluğu bölümlere ayırdı. Boşluğu ruhani uzam ve cismani bedenleriyle insanların yaşayacağı cismani uzam olarak ayırdı. Bundan sonra ise Üçlü Teslis'in Tanrısı olarak var olmaya başladı. Tek Tanrı; Baba, Oğul ve Kutsal Ruh'tan oluşan üç zat olarak var oldu.

İncil, Oğul İsa Mesih'in Tanrı'dan doğma olduğunu söyler (Elçilerin İşleri 13:33). Ve Yuhanna 15:26 ayetiyle Galatyalılar

4:6 ayeti, Kutsal Ruh'un da Tanrı'dan geldiğini söyler. Tıpkı bir öteki-ben oluşumu gibi, Oğul İsa ve Kutsal Ruh Tanrı'dan gelmiştir. Bu, insanın yetiştirilme süreci için kesinlikle gerekliydi.

Oğul İsa ve Kutsal Ruh, Tanrı'nın yarattığı varlıklar değil, ama özgün halindeki Tanrı'nın bizzat Kendisidir. Tek Tanrı'dırlar, ama insanın yetiştirilme süreci için bağımsız var olurlar. Rolleri farklıdır, ama yürekte, düşüncede ve güçte birdirler. Bu yüzden Üçlü Teslis'in Tanrısı deriz onlara.

Üçlü Birlik'in doğası ve düzeni

Tıpkı Baba Tanrı gibi, Oğul İsa ve Kutsal Ruh'ta her-şeye-gücü-yetendir. Ayrıca Oğul İsa ve Kutsal Ruh, Baba Tanrı'nın hissettiklerini ve arzuladıklarını hisseder ve arzularlar. Öte yandan Baba Tanrı'da Oğul İsa'nın ve Kutsal Ruh'un sevincini ve acısını hisseder. Buna rağmen Üç Zat, bağımsız özelliklere sahip bağımsız mahiyettedirler ve rolleri de farklıdır.

Oğul İsa, Baba Tanrı'yla aynı yüreğe sahiptir ve tanrısallığı insanlığından daha güçlüdür. Dolayısıyla tanrısal yüceliği ve adaleti daha öne çıkar. Kutsal Ruh'un ise insanlığı daha güçlüdür. Yumuşak, nazik, merhametli ve şefkatli özellikleri daha ön plandadır.

Açıklanmış olduğu gibi; Oğul ve Kutsal Ruh, Baba'yla birdir, ama ayırt edilebilir hoş özellikleriyle bağımsız mahiyettedirler. Bir düzene göre rolleri de farklıdır. Baba Tanrı'dan sonra Oğul İsa ve Oğul İsa'dan sonra Kutsal Ruh gelir. Kutsal Ruh, Oğul ve Baba'ya sevgiyle hizmet eder.

Üçlü Birlik'in rolü

Üçlü Birlik'in üç zatı, insanın yetiştirilme sürecini birlikte idare ederler. Üç zatın her biri, kendilerine düşen görevi layıkıyla yerine getirir, ama insanın yetiştirilme süreci içerisinde bazı önemli zamanlarda birlikte çalışmışlardır.

Örneğin Yaratılış 1:26 ayeti şöyle der: "Tanrı, 'İnsanı kendi suretimizde, kendimize benzer yaratalım' dedi;" Bu ayetten, Üçlü Birlik'in insanı kendilerine benzer olarak birlikte yaratmış oldukları sonucunu çıkarabiliriz. Ayrıca Tanrı, insanların yaptığı Babil Kulesi'ni görmek için aşağıya indiğinde Üçlü Birlik olarak inmişti. İnsanlar, Tanrı olmak arzusuyla Babil Kulesi'ni inşa ederken, Üçlü Birlik onların dilini karıştırdı.

Yaratılış 11:7 ayetinde şöyle yazar: "Gelin, aşağı inip dillerini karıştıralım ki, birbirlerini anlamasınlar." Burada geçen 'karıştıralım' kelimesi birinci çoğul kişi zamiri olduğundan, Üçlü Birlik'in bir arada olduğunu anlayabiliriz. Açıklanmış olduğu gibi; bazen Üç Zat birlikte çalışmıştır, ama esasen farklı rolleri vardır ki insanların yaratılışından başlayıp kurtuluşlarıyla sonlanacak yetiştirilme süreçleri tamamlansın. Öyleyse her birinin rolü nedir?

Oğul İsa kurtuluş yolunu açar

Oğul İsa'nın rolü Kurtarıcı olmak ve günahkârlar için kurtuluş yolunu açmaktır. Âdem, Tanrı'nın yasakladığı meyveyi yiyerek itaatsizlik günahını işlediğinden, günah insanın üzerine gelmiştir. Artık insanların kurtuluşa ihtiyacı vardır.

Günahın ücretinin ölüm olduğunu söyleyen ruhani dünyanın

yasasına göre; sonsuz ölüm olan Cehennem ateşine mahkûm edilmişlerdi. Ancak Oğul İsa, günahkârlar için ölüm cezasının karşılığını ödedi ki Cehenneme düşmesinler.

Peki, Kurtarıcı neden Oğul İsa olmak zorundaydı? Nasıl ki her ülkenin kendine has yasaları varsa, ruhani dünyanın da kendine has yasaları vardır ve herkes Kurtarıcı olamaz. Bir kişi ancak tüm vasıfları karşıladığında kurtuluş yolunu açabilir. Öyleyse günahları yüzünden ölüme mahkûm edilen insanın Kurtarıcısı olmanın ve kurtuluş yolunu açmanın vasıfları nelerdir?

İlk olarak; Kurtarıcı bir insan olmalıdır. 1. Korintliler 15:21 ayeti şöyle der: "Ölüm bir insan aracılığıyla geldiğine göre, ölümden diriliş de bir insan aracılığıyla gelir." Yazılmış olduğu gibi; Âdem'in itaatsizliği yüzünden ölüm insanın üzerine gelmiş olduğundan, kurtuluşta tıpkı Âdem gibi bir insan vesilesiyle gelmelidir.

İkincisi; Kurtarıcı, Âdem'in soyundan gelmemelidir. Âdem'in soyundan gelenlerin hepsi, babalarından kalıtım yoluyla aldıkları orijinal günahla doğan günahkârlardır. Âdem'in soyundan gelen hiç kimse Kurtarıcı olamaz. Fakat İsa'ya Kutsal Ruh'la gebe kalınmıştır ve O, Âdem'in soyundan gelmez. O'nda ebeveynlerden kalıtımsal yolla geçen orijinal günah yoktur (Matta 1:18-21).

Üçüncüsü; Kurtarıcı'nın gücü olmalıdır. Günahkârları düşman şeytandan kurtarmak için, Kurtarıcı'nın gücü olmalıdır. Ve ruhani güç, günahsızlıktır. O'nda orijinal günah olmadığı gibi, tamamıyla Tanrı'nın Sözüne itaat ederek hiçbir günahta işlememiş olmalıdır. O'nda hiçbir leke olmamalıdır.

Son olarak; Kurtarıcı'da sevgi olmalıdır. Bir kişi yukarıda geçen tüm vasıfları taşıyor olsa bile, onda hiç sevgi yoksa başkalarının günahları için ölemezdi. Ve o zaman insan ırkı asla kurtulamazdı. Bu nedenle; Kurtarıcı'nın, günahkâr olan insan ırkının yerine ölüm cezasını sırtlanacak sevgisi olmalıdır.

'Tutku: Hz. İsa'nın Çilesi' adlı film, İsa'nın acılarını gayet iyi sahnelemiştir. Kamçılanmış, eti kalkmıştır. Elleri ve ayaklarından çivilenmiş, başına dikenli bir taç konulmuştur. Çarmıha gerilmiştir. Sonunda son nefesini verirken böğrü delinmiş ve tüm kanıyla suyunu akıtmıştır. Tüm bu çileyi, bizleri suçlarımızdan, günahlarımızdan, hastalıklarımızdan ve zayıflıklarımızdan kurtarmak için yüklenmiştir.

Âdem'in günahından bu yana hiçbir insan bu dört vasfı karşılamadı. En önemlisi ise, Âdem'in soyundan gelen herkes doğarken atalarından bu günahkâr doğayı, yani orijinal günahı kalıtımsal yolla alırlar. Tamamıyla Tanrı'nın yasasına göre yaşayan bir insan olmadığı gibi, hiç günah işlememiş bir insanda olmamıştır. Büyük borç içinde olan bir adam, bir başkasının borcunu ödeyemez. Aynı şekilde orijinal günahla beraber kendilerinin işlediği günahları da olan günahkârlar, başka insanları ya da günahkârları kurtaramazlar. Bu nedenle Tanrı, çağlar öncesinden sırrı, diğer adıyla Oğul İsa'yı gizli tuttu.

İsa, Kurtarıcı olmanın tüm vasıflarını karşıladı. Yeryüzünde bir insan olarak doğdu, ama O'na, bir erkeğin spermiyle bir kadının yumurtasının birleşimiyle gebe kalınmadı. Bakire Meryem, Kutsal Ruh vesilesiyle bir çocuk sahibi oldu. Dolayısıyla İsa, Âdem'in soyundan gelmez ve O'nda orijinal günah yoktur. Ve tüm yaşamı boyunca bütünüyle Yasa'ya uymuş, hiçbir şahsi günah işlememiştir.

İşte mükemmelce vasıfları kendinde barındıran bu İsa,

günahkârlara olan fedakâr sevgisiyle çarmıha gerildi. Ve bu sayede günahkârlar, O'nun kanı aracılığıyla günahlarından bağışlanacakları yolu edindiler. Eğer İsa Kurtarıcı olmasaydı, Âdem'den bu yana gelen tüm insanlar Cehenneme girecekti. Ve eğer herkes Cehenneme gidecek olsaydı, insanın yetiştirilme sürecinin amacı başarıya ulaşamayacaktı. Bu ise, hiç kimsenin göksel egemenliğe giremeyeceği ve Tanrı'nın da gerçek çocuklarını edinemeyeceği anlamına gelir.

İşte bu yüzden Tanrı, insanın yetiştirilme süreci yerini bulsun diye, Oğul İsa'yı Kurtarıcı olmak üzere hazırlamıştır. Bizler için günahsız olarak çarmıhta ölen İsa'ya iman eden herkesin günahları bağışlanır ve Tanrı'nın bir çocuğu olma hakkı o kişiye bahşedilir.

Kutsal Ruh kurtuluşu tamamlar

Kutsal Ruh'un görevi, insanların Oğul İsa aracılığıyla kazandıkları kurtuluşu tamamlamaktır. Yeni doğmuş bir bebeği emziren ve onu yetiştiren bir anneye benzetilebilir. Kutsal Ruh, Rab'be inanan insanların yüreklerine imanı eker ve göksel egemenliğe ulaşana dek onlara rehberlik eder. İşini yaparken sayısız ruha bölünmüştür. Kutsal Ruh'un asıl mahiyeti bir yerdedir, ama dünyanın herhangi bir yerinde işini görmek için Kendisinden sayısız ruh aynı yürek ve güçle ayrılır.

Kuşkusuz ki Baba ve Oğul, Kutsal Ruh gibi sayısız ruha bölünebilir. İsa, Matta 18:20 ayetinde şöyle der: "Nerede iki ya da üç kişi benim adımla toplanırsa, ben de orada, aralarındayım." İsa'nın özgün kişiliğinden sayısız ruha bölünebileceğini bu ayetten anlayabiliriz. Rab İsa, Kendi adıyla toplanan tüm inanlıların yanında salt kendi olarak bulunamaz. Ama O'ndan bölünen ruhlar her yere gider ve inanlılarla olurlar.

Kutsal Ruh, bebeğini emziren bir annenin sevgi ve yumuşaklığıyla inanlılara öncülük eder. İnsanlar Rab'be iman ettikleri zaman, Kutsal Ruh'tan ayrılan ruhlar onların yüreklerine gelir. Rab'be ne kadar çok insan iman ederse etsin, Kutsal Ruh'tan çıkan ruhlar, inanlıların yüreklerine gelebilir ve orada yaşayabilir. Bu olduğu zaman onların 'Kutsal Ruh'u' aldığını söyleriz. İnanlıların yüreklerinde yaşayan Kutsal Ruh, kurtulacakları ruhani imana sahip olmaları için onlara yardım eder ve tıpkı özel bir öğretmen gibi, imanda tam bir ölçüde büyümeleri için onların imanını terbiye eder.

Tanrı'nın Sözünü gayretle öğrenmeleri, Söze göre yüreklerini değiştirmeleri ve ruhani açıdan büyümeye devam etmeleri için onlara yol gösterir. Tanrı'nın Sözü doğrultusunda; inanlılar öfkelerini uysallığa ve nefretlerini sevgiye dönüştürmelidirler. Geçmişte çekememezlik ya da kıskançlıktan mustarip idiyseniz, artık başkalarının başarılarına gerçekte sevinmelisiniz. Eğer kibirli idiyseniz, artık alçakgönüllü olmalı ve başkalarına hizmet etmelisiniz.

Eğer geçmişte kendi çıkarlarınızı gözettiyseniz, artık ölüm pahasına kendinizi feda etmelisiniz. Size kötülük yapan insanlara karşı kötülük yapmamalı, ama iyilikle onların yüreklerini etkilemelisiniz.

Ruh'u söndürmeyin

Rab'be iman ettikten ve yıllarca inanlı yaşadıktan sonra bile hala tıpkı inanlı olmadan evvel ki hayatınızdaki gibi gerçeğe uygun yaşamıyorsanız, içinizdeki Kutsal Ruh inler. Sebepsiz yere acı çektiğimizde kolayca sinirleniyorsak ya da Mesih'te ki kardeşlerimizi yargılayıp suçluyor ve onların hatalarını ifşa ediyorsak, günahlarımız için ölen Rab'bin huzurunda başlarımızı kaldıramayız.

Farz edelim ki kilisede diyakoz ya da mütevelli heyeti üyesi gibi bir unvan sahibi oldunuz, ama kimseyle iyi geçinemiyor, diğerlerine zorluk çıkarıyor ya da kendi-doğruluğunuzla onların tökezlemesine neden oluyorsunuz. O zaman içinizdeki Kutsal Ruh büyük acı çeker. Rab'be iman ettikten ve yeniden doğduktan sonra her türlü kötülüğü ve günahı söküp atmaya ve gün be gün imanımızı büyütmeye çalışmalıyız.

Rab'be iman ettikten sonra bile günah dünyasında yaşıyor ve ölüme giden günahlar işliyorsanız, içinizde yaşayan Kutsal Ruh sonunda sizi terk eder ve adınız yaşam kitabından çıkarılır. Mısır'dan Çıkış 32:33 ayeti şöyle der: "RAB, 'Kim bana karşı günah işlediyse onun adını sileceğim' diye karşılık verdi,"

Vahiy 3:5 ayeti şöyle der: "Galip gelen böylece beyaz giysiler giyecek. Onun adını yaşam kitabından hiç silmeyeceğim. Babam'ın ve meleklerinin önünde o kişinin adını açıkça anacağım." Bu ayetler, Kutsal Ruh'u almış olsak ve adlarımız yaşam kitabına yazılmış olsa bile silinebileceğini göstermektedir.

Ayrıca 1. Selanikliler 5:19 ayeti şöyle der: "Ruh'u söndürmeyin." Denildiği gibi; gerçekte yaşamıyorsanız, kurtulup Kutsal Ruh'u almış olsanız bile Kutsal Ruh sönecektir.

Kutsal Ruh, her bir inanlının yüreğinde yaşar ve sürekli onları gerçekle aydınlatarak ve Tanrı'nın istemine göre yaşamaya çağırarak kurtuluşu kaybetmemeleri için yol gösterir. Günahı ve doğruluğu bize öğretirken, Tanrı'nın Yaratan, İsa Mesih'in Kurtarıcı, Göksel Egemenlik ve Cehennemin varlığı ve Yargı konularını bilmemizi sağlar.

Kutsal Ruh, Baba Tanrı'nın huzurunda bizim için Romalılar

8:26 ayetinde yazıldığı gibi aracılık eder: "Bunun gibi, Ruh da güçsüzlüğümüzde bize yardım eder. Ne için dua etmemiz gerektiğini bilmeyiz, ama Ruh'un kendisi, sözle anlatılamaz iniltilerle bizim için aracılık eder" Tanrı'nın çocukları günah işlediği zaman acı çeker ve onların tövbe edip gittikleri yoldan dönmelerine yardımcı olur.

Ve onların üzerine Kutsal Ruh'un esinlemesini ve doluluğunu yağdırır, her türlü günahı söküp atmaları ve Tanrı'nın işlerini deneyim etmeleri için onlara çeşitli armağanlar bahşeder. Tanrı'nın çocukları olan bizler, Kutsal Ruh'un bu işlerini dilemeli ve daha derin şeyleri arzulamalıyız.

İnsanın yetiştirilme sürecinin yöneticisi Baba Tanrı

Baba Tanrı, insanın yetiştirilme sürecinin büyük planlayıcısı ve yöneticisidir. O Yaratan, İdare eden ve Son Gün de Yargılayandır. Oğul İsa Mesih, günahkâr olan insanlar için kurtuluş yolunu açandır. Ve Kutsal Ruh ise, kurtulanların gerçek imana sahip olmalarına ve tam bir kurtuluşa ulaşmalarına öncülük edendir. Diğer bir deyişle; Kutsal Ruh, her bir inanlıya bahşedilen kurtuluşu tamamlayandır. Üçlü Birlik'in her bir zatı, insanların gerçek çocuklar olarak yetiştirilmeleri sürecinde tek güç olarak hareket ederler.

Onların her birinin rolü bir düzen içinde ayrılmış olsa da aynı anda uyum içinde çalışırlar. İsa yeryüzüne geldiğinde, Kendi istemini ortaya koymadan tamamen Baba'nın isteminin ardından gitmiştir. Kutsal Ruh, Bakire Meryem'in gebeliğinden son ana kadar İsa'yla beraber olup O'na yardım etmiştir. İsa çarmıha gerildiğinde ve acı çektiğinde, aynı anda Baba Tanrı ve Kutsal Ruh'ta aynı duyguları ve acıyı hissetmiştir.

Benzer şekilde; Kutsal Ruh, insanlar yüzünden inlediğinde

ve onlar için yalvardığında, Rab ve Tanrı'da aynı acı ve kederi hissederler. Üçlü Birlik, her an aynı yürek ve istemle hareket etmiş ve birbirlerinin duygularını hissetmişlerdir. Diğer bir deyişle; Üçlü Birlik her şeyi bir olarak yapmıştır.

Üçlü Birlik kurtuluşun takdiri ilahisini yerine getirir

Üçlü Birlik'in her biri, Bir olarak insanın yetiştirilme sürecini yerine getirmektedir. 1. Yuhanna 5:8 ayetinde şöyle yazar: "Şöyle ki, tanıklık edenler üçtür: Ruh, su ve kan. Bunların üçü de uyum içindedir." Burada geçen su, Söz olan Baba Tanrı'yı simgeler. Kan, çarmıhta kanını döken Rab'dir. Ruh, Su ve Kan olarak Üçlü Birlik; iman edenlerin kurtulduğuna tanıklık etmek için uyum içindedir.

Dolayısıyla Üçlü Birlik'in her birini net bir şekilde anlamalı ve onlardan sadece birine yönelmemeliyiz. Ancak Üçlü Birlik'e her birini ayırmadan iman eder ve inanırsak Tanrı'ya olan imanımızla kurtulacak ve Tanrı'yı bildiğimizi söyleyeceğiz. Dua ettiğimizde, İsa Mesih'in adıyla dua ederiz, ama bizi yanıtlayan Baba ve duamızın yanıtını almaya yardımcı olan da Kutsal Ruh'tur.

İsa, Matta 28:19 ayetinde ayrıca şöyle demiştir: "Bu nedenle gidin, bütün ulusları öğrencilerim olarak yetiştirin; onları Baba, Oğul ve Kutsal Ruh`un adıyla vaftiz edin" Elçi Pavlus, 2. Korintliler 13:14 ayetinde, inanlıları Üçlü Birlik'in adıyla kutsamıştır: "Rab İsa Mesih`in lütfu, Tanrı`nın sevgisi ve Kutsal Ruh`un paydaşlığı hepinizle birlikte olsun." İşte bu yüzden Pazar ayinlerinde takdis duası okunur ki, Tanrı'nın çocukları Kurtarıcı Rab İsa'nın lütfunu, Baba Tanrı'nın sevgisini ve Kutsal Ruh'un esinlemesiyle doluluğunu alsın.

Üçlü Birlik'in ve Kutsal Ruh'un işlerini inkâr etme

Üçlü Birlik'i inkâr eden bazı insanlar vardır. Yehova Şahitleri bunlardan biridir. İsa Mesih'in tanrısallığını tanımazlar. Ayrıca Kutsal Ruh'un şahsi karakterini de tanımaz ve bunları yanlış öğretiler sayarlar.

İncil, İsa Mesih'i inkar edenlerin ve kendi üzerlerine ani yıkım getirenlerin yanlış öğretiler yayanlar olduğunu söyler (2. Petrus 2:1). Dışarıdan Hristiyan görünür, ama Tanrı'nın istemi ardınca gitmezler. Onların kurtuluşla hiçbir alakası yoktur ve biz inanlılar aldatılmamalıyız.

Bu yanlış öğretiler yanı sıra bazı kiliseler, Üçlü Birlik'e iman ettiklerini söyler, ama Kutsal Ruh'un işlerini inkâr ederler. İncil; farklı dillerde konuşmak, kehanet, ilahi şifa, vahiy ve görümler gibi Kutsal Ruh'un çeşitli armağanlarından bahseder. Tanrı'ya iman ettiklerini söyleyip Kutsal Ruh'un bu işlerini yanlış diye yargılayan ya da Kutsal Ruh'un işlerini engellemeye çalışan bazı kiliseler vardır.

Kutsal Ruh'un armağanlarını ortaya koyan kiliseleri sıklıkla yanlış öğretiler yaymakla suçlarlar. Bu, Tanrı'nın istemini doğrudan hor görmektir ve onlar asla bağışlanmayacak olan Kutsal Ruh'a küfür etme, küçük görme ve karşı gelme günahını işlerler. Bu günahları işledikleri zaman tövbe ruhu onlara gelmez ve tövbe bile edemezler.

Tanrı'nın bir hizmetkârını ya da Kutsal Ruh'un işleriyle dolu bir kiliseyi karalayıp suçlamaları, Üçlü Birlik'i suçlamakla ve Tanrı'ya düşmanca durmakla eşdeğerdir. Tanrı'nın kurtulan ve Kutsal Ruh'u alan çocukları, Kutsal Ruh'un işlerinden kaçınmamalı, ama tam aksine bu işleri arzulamalıdırlar. Özellikle papazlar sadece Kutsal Ruh'un işlerini deneyim etmekle kalmamalı, ama ayrıca bu işleri ortaya koymalılar ki sürüleri bu işlerle bereketli yaşamlar sürsün.

1.Korintliler 4:20 ayeti şöyle der: "Çünkü Tanrı'nın Egemenliği lafta değil, güçtedir." Eğer pederler sürüye sadece bilgi veya formaliteler öğretirlerse, körlere kılavuzluk eden kör adamlardan bir farkları olmaz. Pederler sürüye tam gerçeği öğretmeli ve Kutsal Ruh'un işlerini ortaya koyarak yaşayan Tanrı'nın kanıtını görmelerini sağlamalıdırlar.

Günümüz 'Kutsal Ruh'un Çağı' olarak adlandırılır. Kutsal Ruh'un öncü rehberliği altında bolca kutsanır ve insanları yetiştiren Üçlü Birlik'in lütfunu alırız.

Yuhanna 14:16-17 ayetleri şöyle der: "Ben de Baba'dan dileyeceğim. O sonsuza dek sizinle birlikte olsun diye size başka bir Yardımcı, Gerçeğin Ruhu'nu verecek. Dünya O'nu kabul edemez. Çünkü O'nu ne görür, ne de tanır. Siz O'nu tanıyorsunuz. Çünkü O aranızda yaşıyor ve içinizde olacaktır."

Rab, insanın yetiştirilmesi görevini tamamladıktan sonra dirildi ve göğe alındı. Kutsal Ruh, insanın yetiştirilme sürecinde görevi Rab'den devraldı. Kutsal Ruh, Rab'be iman eden her inanlıyla birliktedir ve her bir inanlının yüreğinde yaşayarak onları gerçekte yaşamaya yönlendirir.

Günümüzde günah yaygınlaştığı ve dünyayı karanlık giderek kapladığı için; Tanrı, kendisini arayanların yüreklerinde gösterir ve onlara Kutsal Ruh'un ateşten işlerini bahşeder. Umut ediyorum ki Baba, Oğul ve Kutsal Ruh'un işlerini alarak Tanrı'nın gerçek çocukları olursunuz ve böylece dualarınızda dilediğiniz her şeyin yanıtını alır, tam bir kurtuluşa nail olursunuz.

Kutsal Kitap'tan Örnekler 1

Göğün ikinci katındaki kapı göğün birinci katına açıldığında olan şeyler.

Göğün birinci katı, bizlerin içinde yaşadığı cismani uzamdır.

Göğün ikinci katında Işığa ait olan Aden bölgesiyle karanlığa ait bölge bulunur.

Göğün üçüncü katında, sonsuza dek yaşayacağımız göksel egemenlik bulunur.

Göğün dördüncü katı, Üçlü Birlik'in olduğu Tanrı'nın özgün uzamıdır.

Bu 'gökler' kati bir şekilde ayrılmıştır, ama birbirlerine 'bitişik' haldedirler.

Gerekli olduğunda, göğün ikinci katının kapısı şu anda yaşadığımız birinci katına açılır.

Bazen göğün üçüncü ve dördüncü katları da açılabilir.

Göğün ikinci katına ait şeylerin, birinci katında meydana geldiğiyle ilgili pek çok olay bulabiliriz.

Göğün ikinci katının kapısı açıldığında ve Aden Bahçesi'ne ait nesneler göğün birinci katına geldiğinde, göğün birinci katında olanlar bu nesnelere dokunabilir ve onları görebilirler.

Sodom ve Gomora'nın Ateşle Yargılanması

Yaratılış 19:24 ayeti şöyle der: "RAB Sodom ve Gomora'nın üzerine gökten ateşli kükürt yağdırdı." Burada 'gökten' sözü; Tanrı'nın göğün ikinci katının kapısını açtığı ve oradan ateşli kükürt yağdırdığı anlamına gelir. Aynısı Karmel Dağı'nda, Baal'ın 450 peygamberiyle İlyas yüz yüze geldiğinde de olmuş, gökten yanıtı ateş olarak almıştı. 1. Krallar 18:37-38 ayetleri şöyle der: "'Ya RAB, bana yanıt ver! Yanıt ver ki, bu halk senin Tanrı olduğunu anlasın. Onların yine sana dönmelerini sağla.' O anda gökten RAB'bin ateşi düştü. Düşen ateş yakmalık sunuyu, odunları, taşları ve toprağı yakıp hendekteki suyu kuruttu." Göğün ikinci katının ateşi, göğün birinci katındaki nesneleri gerçekten de yakabilir.

Üç yıldızbilimciye rehberlik eden yıldız

Matta 2:9 ayeti şöyle der: "Yıldızbilimciler, kralı dinledikten sonra yola çıktılar. Doğuda görmüş oldukları yıldız onlara yol gösteriyordu, çocuğun bulunduğu yerin üzerine varınca durdu." Göğün ikinci katına ait bir yıldız belirdi ve bir süreliğine hareket edip durmayı sürdürdü. Yıldızbilimciler varacakları yere geldiklerinde yıldız durdu.

Eğer bu yıldız göğün birinci katına ait bir yıldız olsaydı, göğün birinci katındaki tüm yıldızlar bir nizam içinde rotalarında hareket ettiğinden, bu hareket eden yıldızın evrene büyük etkisi olacaktı. Yıldızbilimcilere yol gösteren yıldızın, göğün birinci katından olmadığını anlayabiliriz. Tanrı, göğün ikinci katındaki bir yıldızı hareket ettirmiştir ki, göğün birinci katındaki evren etkilenmesin. Tanrı, göğün ikinci katının uzamını açmıştır ki, yıldızbilimciler bu yıldızı görebilsinler.

İsrailoğulları'na verilen man

Mısır'dan Çıkış 16:4 ayeti şöyle der: "RAB Musa'ya, 'Size gökten ekmek yağdıracağım' dedi. 'Halk her gün gidip günlük ekmeğini toplayacak. Böylece onları sınayacağım: Benim yasama göre yaşıyorlar mı, yaşamıyorlar mı, göreceğim.'"
'Gökten ekmek yağdıracağını' söyleyen Tanrı, 40 yıl boyunca çölde yol alan İsrailoğulları'na manı bahşetti. Man kişniş tohumuna benzerdi, görünüşü de reçine gibiydi. Tadı ballı yufkaya andırıyordu. Açıklandığı gibi; Kutsal Kitap'ta yer alan olayların çoğu, göğün ikinci katının kapısının göğün birinci katına açılmasıyla meydana gelmiştir.

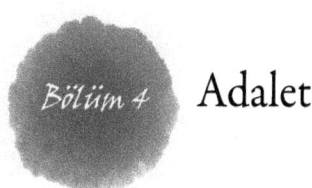

Adalet

> Tanrı'nın adaletini doğru anladığımız ve ona göre davrandığımız takdirde çeşitli sorunları çözebilir, kutsamaları ve dualarımıza yanıtları alabiliriz.

Tanrı'nın adaleti

Tanrı mutlak suretle adaletini korur

Tanrı'nın adaletinin kurallarına göre davranma

Adaletin iki yüzü

Adaletin daha yüksek boyutu

İman ve itaat – adaletin temel kuralları

"O senin doğruluğunu ışık gibi, Hakkını öğle güneşi gibi Aydınlığa çıkarır."

(Mezmurlar 37:6)

Hiçbir insani yöntemle çözülemeyecek bazı sorunlar vardır. Fakat Tanrı, o sorunları yüreğine aldığı takdirde hemen yok olurlar.

Örneğin; ilkokul talebesinin oldukça zorlandığı bir matematik problemi, bir üniversite öğrencisi için hiçtir. Benzer şekilde; Tanrı için imkânsız bir şey yoktur, çünkü tüm göklerin Yöneticisi O'dur.

Her-şeye-gücü-yeten Tanrı'nın gücünü deneyim etmek için Tanrı'dan yanıtları almanın yollarını bilmeli ve onları uygulamalıyız. Tanrı'nın adaletini doğru anladığımızda ve ona uygun hareket ettiğimizde, her türlü sorunu çözebilir ve yanıtlarla kutsamaları alabiliriz.

Tanrı'nın adaleti

Adalet, Tanrı'nın koyduğu kurallardır ve bu kurallar titizlikle yürütülür. En basitiyle anlatacak olursak; bunlar 'sebep-sonuç' kuralları gibidir. Belli sebepler belli sonuçları getirir.

İnanlı olmayanlar bile neyi ekersek onu biçeceğimizi söylerler. Bir Kore sözü şöyle der: "Fasulye ektiğinde fasulye, kırmızı fasulye ektiğinde ise kırmızı fasulye biçersin." Böyle kurallar olduğu gibi, Tanrı'nın gerçeğinde adaletin kuralları çok daha mutlaktır.

İncil şöyle der: "Dileyin, size verilecek; arayın, bulacaksınız; kapıyı çalın, size açılacaktır" (Matta 7:7). "Aldanmayın, Tanrı alaya alınmaz. İnsan ne ekerse onu biçer" (Galatyalılar 6:7). "Şunu unutmayın: Az eken az biçer, çok eken çok biçer" (2. Korintliler 9:6). Bunlar adaletin kurallarına sadece birkaç örnektir.

Ayrıca günahın sonuçlarıyla ilgili kurallarda vardır. Romalılar 6:23 ayeti şöyle der: "Çünkü günahın ücreti ölüm, Tanrı`nın armağanı ise Rabbimiz Mesih İsa`da sonsuz yaşamdır." Özdeyişler 16:18 ayeti şöyle der: "Gururun ardından yıkım, kibirli ruhun ardından da düşüş gelir" Yakup 1:15 ayeti şöyle der: "Sonra arzu gebe kalır ve günah doğurur. Günah olgunlaşınca da ölüm getirir."

Bu kurallardan başka, inanlı olmayanların anlayamayacağı kurallarda vardır. Örneğin Matta 23:11 ayeti şöyle der: "Aranızda en üstün olan, ötekilerin hizmetkârı olsun." Matta 10:39 ayeti şöyle der: "Canını kurtaran onu yitirecek. Canını benim uğruma yitiren ise onu kurtaracaktır." Elçilerin İşleri 20:35 ayetinin ikinci cümlesi şöyle der: "Vermek, almaktan daha büyük mutluluktur" Bırakın anlamayı, inanlı olmayanlar bu kuralların yanlış olduğunu bile düşünürler.

Fakat Tanrı'nın Sözü asla yanlış değildir ve asla değişmez. Dünyanın konuştuğu gerçekler zamanla değişime uğrar, ama Tanrı'nın Kutsal Kitap'ta geçen sözleri, diğer bir deyişle adaletinin kuralları, yazıldığı gibi gerçekleşir.

Bu sebeple; eğer Tanrı'nın adaletini doğru anlarsak, bir sorun olduğunda sebepleri bulur ve onu çözeriz. Benzer şekilde yüreklerimizin arzularına yanıtta alırız. Kutsal Kitap, hastalanmamızın, mali sıkıntılar çekmemizin, ailevi huzursuzluğun, Tanrı'nın lütfunu kaybedip tökezlememizin sebeplerini açıklar.

Eğer ki adaletin Kutsal Kitap'ta yazılı kurallarını anlarsak, kutsamaları ve dualarımıza yanıtları alabiliriz. Tanrı sadakatle, bizzat Kendisinin koyduğu kuralları korur. Bu yüzden onlara göre davranırsak kesinlikle kutsanır ve sorunlarımızın yanıtlarını alabiliriz.

Tanrı mutlak suretle adaletini korur

Tanrı, her şeyin Yaratan ve Yöneteni olsa da asla adaletin kurallarını çiğnemez. Asla şöyle demez: "Nasıl olsa bu kuralları getiren benim, onları tutmasam da olur." Hiçbir sapma olmadan her şeyi tam olarak adalete göre yapar.

Oğul İsa'nın yeryüzüne gelip çarmıhta ölmesi, adalet uyarınca kurtulmamız içindi

Bazıları şöyle diyebilir: "Tanrı neden iblisi yok edip herkesi kurtarmıyor?" Ama Tanrı bunu asla yapmaz. Ta başlangıçta, insanın yetiştirilme sürecini planlarken adaletin kurallarını tesis etmişti. Bu sebepledir ki, bizlere kurtuluş yolunu açsın diye biricik Oğlunu vererek büyük bir fedakârlık yapmıştır.

Dolayısıyla salt kiliseye giderek ve dudaklarımızla, "İnanıyorum!" diyerek kurtulamaz ve göklere alınamayız. Kurtuluşun, Tanrı'nın tesis ettiği hudutları içerisinde olmalıyız. Kurtulmak için İsa Mesih'in şahsi Kurtarıcımız olduğuna iman etmeli ve adaletin kurallarına göre yaşayarak Tanrı'nın Sözüne itaat etmeliyiz.

Kurtuluşun bu meselesinden başka; Kutsal Kitap'ın, ruhani dünyanın yasasına göre her şeyi gerçekleştiren Tanrı'nın adaletini açıklayan pek çok bölümü bulunur. Eğer bu adaleti anlarsak, günah sorunumuzu çözmek bizim için çok kolaylaşacaktır. Ayrıca kutsamaları ve dualarımıza yanıtları almakta kolaylaşacaktır.

Örneğin yüreğinizin arzuladıklarını almak için ne yapmalısınız? Mezmurlar 37:4 ayeti şöyle der: "RAB'den zevk al, O senin içindeki istekleri yerine getirecektir." Gerçekten Tanrı'dan zevk alabilmek için ilk önce Tanrı'yı hoşnut etmelisiniz. Ve Kutsal Kitap'ın birçok bölümünde, Tanrı'yı hoşnut edebileceğimiz yolları bulabiliriz

İbraniler 11:6 ayetinin ilk cümlesi şöyle der: "İman olmadan Tanrı'yı hoşnut etmek olanaksızdır." Tanrı'nın Sözüne itaat ettiğimiz, günahları söküp attığımız ve kutsallaştığımız ölçüde Tanrı'yı hoşnut edebiliriz. Ayrıca tıpkı bin sunu veren Kral Süleyman gibi, çabalarımız ve sunularımızla Tanrı'yı hoşnut edebiliriz. Ayrıca Tanrı'nın egemenliği için gönüllü işler yapabiliriz. Daha başka yollarda mevcuttur.

Bu sebeple Kutsal Kitap'ı okumanın ve vaazları dinlemenin, adaletin kurallarını öğreneceğiniz yollardan biri olduğunu anlamalısınız. Eğer bu kuralları izler ve Tanrı'yı hoşnut edersek, yüreklerimizin tüm arzularını alabilir ve Tanrı'yı yüceltebiliriz.

Tanrı'nın adaletinin kurallarına göre davranma

Rab'be iman ettiğimden ve Tanrı'nın adaletini kavradığımdan beri imanda bir yaşam sürmek büyük bir zevk oldu. Adaletin kurallarına göre hareket ettikçe hem Tanrı'nın sevgisini hem de mali kutsamalarını aldım.

Ayrıca Tanrı, O'nun Sözünde yaşarsak hastalık ve felaketlerden bizleri koruyacağını söylemiştir. Ben ve ailemin fertleri sadece imanda yaşadığımızdan, Rab'be iman ettiğimden beri hepimiz öylesine sağlıklı kaldık ki, ne hastaneye gitmek ne de ilaç kullanmak zorunda olduk.

Tanrı'nın adaletinin ektiklerimizi biçmemizi sağladığına inandığımdan, yoksul bir yaşam sürmeme rağmen Tanrı'ya zevkle sunularımı verdim. Bazı insanlar şöyle der: "Ben o kadar yoksulum ki Tanrı'ya verebilecek bir şeyim yok." Fakat ben, yoksul olduğum için daha da şevkle verdim.

2. Korintliler 9:7 ayeti şöyle der: "Herkes yüreğinde niyet ettiği gibi versin; isteksizce ya da zorlanmış gibi değil. Çünkü Tanrı sevinçle vereni sever." Denildiği gibi; Tanrı'nın huzuruna asla boş ellerle çıkmadım.

Elimde avucumda çok az da olsa, Tanrı'ya her zaman şükranla vermekten zevk duydum ve kısa zamanda mali açıdan kutsandım. Tanrı'nın egemenliği için imanla verdiğimde, Tanrı'nın iyice bastırılmış, silkelenmiş ve taşmış bir şekilde, hatta 30, 60 veya 100 fazlasıyla vereceğini bildiğimden sevinçle verdim.

Nihayetinde; yedi sene boyunca süren hastalığım sebebiyle yaptığım büyük miktarda ki borcu geri ödeyebildim ve şu ana dek öylesine kutsandım ki hiçbir eksiğim olmadı.

Ayrıca Tanrı'nın, kötülüğü söküp atıp kutsallaşmış olanlara gücünü veren adaletini bildiğimden, adanmış dualarla ve oruçlarla kötülüğü içimden söküp atmaya devam ettim ve sonunda Tanrı'nın gücünü aldım.

Bu gün Tanrı'nın olağanüstü gücü ortaya konmaktadır, çünkü pek çok zorluk ve sınamalardan sabırla geçerken, benden istenilen sevginin ve adaletin boyutunu edindim. Tanrı, gücünü bana koşulsuzca bahşetmedi. Adaletin kurallarını tam olarak takip ettiğim için bahşetti. Bu yüzden buna düşman iblis ve Şeytan itiraz edemez.

Bunlardan başka, Kutsal Kitap'ta yazılı olan tüm sözlere inandım ve onları uyguladım. Kutsal Kitap'ta yazılı olan tüm mucizevi işleri ve kutsamaları deneyimledim.

Ve bu işler sadece benim için gerçekleşmez. Eğer bir kimse Tanrı'nın Kutsal Kitap'ta yazılı adaletinin kurallarını anlar ve onlara uygun hareket ederse, o da benim aldığım aynı kutsamaları alabilir.

Adaletin iki yüzü

Genellikle insanlar cezası olacağı düşüncesiyle adaletten korkarlar. Kuşkusuz ki günahların ve kötülüğün ardından, adalet ürkütücü cezalarla gelebilir. Ama bunun aksine, kutsamaları bize getiren bir anahtarda olabilir.

Adalet, bir madeni paranın iki yüzü gibidir. Karanlıkta yaşayanlar için korkulacak bir şeydir, ama Işıkta yaşayanlar için oldukça iyi bir şeydir. Bir hırsızın elindeki mutfak bıçağı cinayet silahı olabilirken, bir annenin elinde ailesine leziz yemekler yapmaya yarayan bir araçtır.

Dolayısıyla; Tanrı'nın adaletini uygulayan bireylere bağlı olarak, korkutucu ya da çok sevindirici olabilir. Adaletin iki yüzünü anlarsak, adaletin sevgiyle yerini bulduğunu ve Tanrı'nın sevgisinin de ayrıca adaletle tamamlandığını anlayabiliriz. Adaletin olmadığı sevgi, gerçek bir sevgi değildir ve sevginin olmadığı bir adalet, gerçek bir adalet değildir.

Mesela her hatalarında çocuklarınızı cezalandırıyor ya da onları sürekli cezasız bırakıyorsanız, her iki durumda da onların doğru yoldan çıkmasına neden olursunuz.

Adalete göre, bazen çocuklarınızın hatalarını uygun bir şekilde cezalandırmalısınız. Fakat onlara da her daim 'adaleti' gösterecek şekilde yaklaşamazsınız. Bazen onlara bir şans vermeniz gerekir ve gerçekten yaptıklarından dönüyorlarsa, sevgiyle bağışladığınızı ve merhamet ettiğinizi göstermelisiniz. Ama yine her daim onlara merhamet ve sevgi de gösteremezsiniz. Çocuklarınızı gerektiğinde cezalandırarak onlara yol göstermeniz gerekir.

Tanrı, Matta 18:22 ayetinde şu sözlerle sınırsız bağışlanmadan söz eder: "Yedi kez değil. Yetmiş kere yedi kez derim sana."

Ancak Tanrı, gerçek sevgiye bazen cezanın da eşlik ettiğini söyler. İbraniler 12:6 ayeti şöyle der: "Çünkü Rab sevdiğini terbiye eder, oğulluğa kabul ettiği herkesi cezalandırır." Eğer sevgiyle adalet arasındaki bu ilişkiyi anlarsak, adaletin sevgiyle yetkinleştiğini anlarız. Ve adaletin üzerinde düşünmeye devam ettikçe onun içerisinde derin bir sevgi ihtiva ettiğini anlarız.

Adaletin daha yüksek boyutu

Ayrıca adaletin göğün farklı katmanlarında değişen farklı boyutları vardır. Göğün birinci katından ikincisine, üçüncüsüne ve dördüncüsüne doğru çıktıkça adaletin boyutu da daha genişler ve derinleşir. Göğün farklı katları, her bir katının adaletine göre düzeni korur.

Adaletin boyutunun göğün her bir katında değişmesinin

nedeni, her bir katındaki sevginin boyutunun farklı olmasındadır. Sevgi ve adalet ayrılamaz. Sevginin boyutu ne kadar derin ise, adaletin boyutu da o kadar derindir.

Kutsal Kitap'ı okuduğumuzda, Eski Ahit'in adaletiyle Yeni Ahit'in adaleti birbirlerinden farklı görünebilir. Örneğin; Eski Ahit, kısasa kısas tabir edilen, "Göze göz," derken, Yeni Ahit, "Düşmanınızı sevin," der. Kısasa kısas ilkesi, bağışlama ve sevgi ilkesiyle değiştirilmiştir. Öyleyse bu, Tanrı'nın iradesinin değiştiği anlamını mı taşır?

Hayır, taşımaz. Tanrı ruhtur ve sonsuza dek değişmez; Tanrı'nın, Eski ve Yeni Ahit kitaplarında yazılı yüreği ve iradesi aynıdır. İnsanların sevgiyi başardıkları ölçüye bağlı olarak, aynı adalet farklı ölçülerde uygulanır. İsa'nın yeryüzüne gelmesine ve Yasa'yı sevgiyle tamamlamasına kadar insanların idrak ettiği sevginin seviyesi çok düşüktü.

Adaletin oldukça yüksek oktavı olan düşmanın bile sevilmesi gerektiği onlara söylenseydi, bunun üstesinden gelemezlerdi. Bu sebeple; Eski Ahit'in düzeni tesis etmek için uyguladığı 'göze göz' ilkesi, adaletin daha düşük seviyedeki kuralıydı.

Fakat İsa'nın yeryüzüne gelerek Yasayı sevgiyle tamamlamasından ve biz günahkârlar için yaşamını vermesinden sonra, Tanrı'nın istediği adaletin seviyesi biz insanlar için yükseltilmiştir.

İsa örneğinden, düşük seviyeden düşmanlarımızı bile sevebilme seviyesine gelen sevginin derecesini gördük. Böylece 'göze göz' diyen kısasa kısas ilkesi artık geçerli değildir. Şimdi Tanrı, bağışlamanın ve merhametin uygulandığı kuralların olduğu adaleti bizlerden talep ediyor. Elbette ki Eski Ahit zamanında dahi Tanrı'nın gerçekten istediği bağışlama ve merhamet idi, ama o zamanın insanları bunu gerçekten anlayamazdı.

Açıklanmış olduğu üzere; Eski ve Yeni Ahit kitaplarında, sevgi ve adaletin boyutlarında farklılık olduğu gibi, adaletin boyutu da göğün her bir katındaki sevgi boyutuna bağlı olarak farklıdır.

Örneğin; zina yaparken yakalanan kadını gören insanlar, göğün birinci katının düşük seviyedeki adaleti uyarınca derhal taşlanması gerektiğine salık vermişlerdi. Fakat göğün dördüncü katına ait en yüksek seviyede adalete sahip olan İsa kadına şöyle demişti: "Ben de seni yargılamıyorum. Git, artık bundan sonra günah işleme!" (Yuhanna 8:11).

Bu sebeple, adalet yüreklerimizdedir ve her bir insanın yüreğini sevgiyle doldurmasına, ruhla yüreğini yetiştirmesine bağlı olarak, adaletin hissedilen boyutu farklıdır. Bazen daha düşük seviyede adalet duygusuna sahip olanlar, daha yüksek seviyede adalet duygusuna sahip olanları anlayamaz.

Çünkü benliğin insanı asla Tanrı'nın ne yaptığını tam anlamıyla anlayamaz. Ancak sevgiyle ve ruhsal zihinle yüreklerini yetiştirenler, Tanrı'nın adaletini tam anlar ve uygularlar.

Adaletin daha yüksek boyutunu uygulamak, daha düşük bir boyutun adaletini geçersiz kılacağı ya da onu çiğneyeceği anlamına gelmez. İsa, göğün dördüncü katının adaletine sahipti, ama bu dünyanın adaletini asla görmezden gelmedi. Diğer bir deyişle; bu dünyanın adalet kurallarının sınırları içinde, göğün üçüncü katı ya da daha üzerinin adaletini gösterdi.

Benzer şekilde, göğün birinci katında yaşarken göğün birinci katında uygulanan adaleti de çiğneyemeyiz. Kuşkusuz ki sevgimizin boyutu derinleştikçe adaletin genişliği ve derinliği de büyür, ama temel çerçeve aynıdır. Bu sebeple adaletin kurallarını doğru anlamak zorundayız.

İman ve itaat – adaletin temel kuralları

Öyleyse anlamak ve dualarımızın yanıtını almak için ardınca gitmek zorunda olduğumuz adaletin temel çerçevesi ve kuralları nelerdir? İyilik ve alçakgönüllülük gibi pek çok şey vardır. Fakat en temel iki kural, iman ve itaattir. Tanrı'nın Sözüne iman ve itaat etmemiz, adaletin yanıt almamız için kuralıdır.

Matta 8. Bölümdeki yüzbaşının uşağı hastaydı. Egemen Roma İmparatorluğu'nun bir yüzbaşısıydı, ama İsa'nın huzuruna gelecek kadar alçakgönüllüydü. Ayrıca hasta uşağı için bizzat İsa'ya gidecek kadar iyi bir yüreği vardı.

En önemlisi ise, yanıtı alacak imana sahipti. İsa'nın huzuruna gelmeden önce çevresindeki insanlardan O'nun hakkında pek çok şey duymuş olmalıydı. İsa'nın sayesinde körlerin görmeye, dilsizlerin konuşmaya ve pek çok hastanın şifa bulduğuna dair haberleri duymuş olmalıydı.

Bu haberleri duyan Yüzbaşı, İsa'ya güvendi ve eğer İsa'nın huzuruna gelirse uşağı için dileğinin yerine geleceğine dair imana sahip oldu.

Gerçekten de İsa'yla tanıştığında imanını şu sözlerle dile getirdi: "Ya Rab, evime girmene layık değilim. Yeter ki bir söz söyle, uşağım iyileşir" (Matta 8:8). Bu sözleri sarf etti, çünkü İsa'yla ilgili duyduklarından ötürü O'na güveni tamdı.

Bizlerde böyle bir imana sahip olmak için öncelikle Tanrı'nın sözüne itaat etmediğimiz için tövbe etmeliyiz. Herhangi bir mesele de Tanrı'yı hayal kırıklığına uğratmış isek, Tanrı'ya verdiğimiz bir sözü yerine getirmemiş isek, Rab'bin Gününü kutsal sayıp tutmamış isek ya da uygun ondalıklarımızı vermemiş isek, o zaman tüm bunlardan tövbe etmeliyiz.

Ayrıca dünyayı sevmekten, insanlarla esenlik içinde olmamaktan; öfke, kızgınlık, bezginlik, kötü hisler, çekememezlik, kıskançlık, kavga ve yalan gibi her türlü kötülüğü barındırmaktan ve böyle davranmaktan tövbe etmeliyiz. Günahın bu duvarlarını yıktığımızda ve Tanrı'nın güçlü bir hizmetkârının duasını aldığımızda, yanıtları alabileceğimiz iman bize bahşedilebilir ve adaletin kuralları uyarınca yanıtları alacağımıza olan inançla hakikaten yanıtları alabiliriz.

Bu şeylere ek olarak; yanıtları almak için çeşitli kilise ayinlerine katılmak, hiç durmadan dua etmek ve Tanrı'ya vermek gibi itaat etmemiz ve ardınca gitmemiz gereken birçok şey daha vardır. Ve tamamen itaat etmemiz için, kendimizi tamamen yadsımalıyız.

Diğer bir deyişle; gururumuzu, kibrimizi, kendimize has doğruluklarımızı ve iddialarımızı, düşünce ve teorilerimizi, maddi yaşamın verdiği gururu ve dünyaya güvenme arzusunu söküp atmalıyız. Bu şekilde kendimizi tamamen alçakgönüllü kıldığımızda ve yadsıdığımızda, Luka 17:33 ayetinde yazılmış olduğu gibi adaletin kuralına göre yanıtları alırız: "Canını esirgemek isteyen onu yitirecek. Canını yitiren ise onu yaşatacaktır."

Tanrı'nın adaletini anlamak ve itaat etmek, Tanrı'yı tanımak demektir. Tanrı'yı tanıdığımız için O'nun tesis ettiği kuralları izleyebiliriz. Ve bu şekilde Tanrı'yı tanımak imandır ve gerçek imana her zaman itaatin eylemleri eşlik eder.

Eğer Tanrı'nın Sözüyle kendinizi gözden geçirirken herhangi bir günah fark ederseniz tövbe etmeli ve o yoldan dönmelisiniz. Umut ediyorum ki tamamen Tanrı'ya güvenir ve O'na dayanırsınız. Umut ediyorum ki bunu yaparken Tanrı'nın adaletinin kurallarını birer birer kavrar ve onları uygularsınız ki, ektiklerimizi biçmemizi sağlayan ve eylemlerimize göre bize geri ödeyen Tanrı'dan yanıtları ve kutsamaları alasınız.

Prenses Jane Mpologoma (Londra, Birleşik Krallık)

Dünyanın diğer ucundan

Birmingham'da yaşıyorum. Oldukça güzel bir yerdir. Buganda krallığının ilk cumhurbaşkanının kızıyım ve Birleşik Krallıktan kibar ve nazik bir adamla evlendim. Üç kızımız var.
Pek çok insan böyle varlıklı bir yaşam sürdürmeyi ister, ama ben çok mutlu değildim. Her zaman hiçbir şeyle dinmeyen bir susuzluk vardı ruhumda. Uzunca bir zaman bana acı veren kronik mide-bağırsak rahatsızlığından çektim. Ne yemek yiyebiliyor ne de doğru düzgün uyuyabiliyordum.
Ayrıca yüksek kolesterol, kalp rahatsızlığı ve düşük tansiyon gibi çeşitli hastalıklardan çekmiştim. Doktorlar, kalp krizi ya da felç olabileceğim hususunda beni uyarmışlardı.
Ama Ağustos 2005 yılı hayatımın dönüm noktası oldu. Bir şans vesilesiyle Londra'yı ziyarete gelen Manmin Merkez Kilisesi'nin asistan pederlerinden biriyle tanıştım. Ondan kitaplar ve vaaz CD'si aldım. Bana derinden dokundular.

Eşi David'le birlikte

Kutsal Kitap'tan vaazlardı, ama başka bir yerde böylesine derin ve ilham verici vaazlar duymamıştım. Susuz ruhum memnundu ve Sözü anlamak için ruhani gözlerim açılmıştı.

En sonunda Güney Kore'yi ziyaret ettim. Manmin Merkez Kilisesi'nden içeri girer girmez bedenim huzurla sarmalandı. Rev. Jaerock Lee benim için dua etti. Ancak Birleşik Krallığa geri döndüğüm zaman Tanrı'nın sevgisinin farkına vardım. 12 Ekim tarihinde yapılan endoskopi sonuçları normal çıktı. Kolesterol seviyem ve tansiyonumda normaldi. İşte bu, duanın gücüydü!

Bu deneyim daha büyük imana sahip olmamı sağladı. Kalp sorunlarım vardı ve Rev. Jaerock Lee'ye bana dua etmesi için yazdım. 11 Kasım tarihinde Manmin Merkez Kilisesi'nin Cuma tüm-gece boyu ayini sırasında benim için dua etti. Dünyanın diğer ucundan internet üzerinde bu duayı aldım.

Şöyle dua etti: "İsa Mesih'in adıyla kalp rahatsızlıklarının bitmesini buyuruyorum. Baba Tanrı, onu sağlıklı kıl!"

Duayı aldığım anda Kutsal Ruh'un güçlü işini duyumsadım. Kocam beni tutmasaydı bu kudretli güçle düşebilirdim. 30 saniye kadar sonra kendime geldim.

16 Kasım tarihinde anjiyografiyeye girdim. Kalbimdeki arterlerden birinde sorun yaşadığım için doktorum önermişti. Küçük bir tüpe sabitlenmiş küçük bir kamerayla yapıldı. Ve sonuç gerçekten şaşırtıcıydı.

Doktor, "Bu odada uzunca bir zaman bu kadar sağlıklı bir kalp hiç görmedim, " dedi.

Heyecan tüm bedenimi kapladı, çünkü doktorumun sözlerini duyunca Tanrı'nın ellerini hissetmiştim. O günden beri farklı bir hayat sürmeye karar verdim. Ergenlere, ihmal edilenlere ve müjdeye gereksinimi olan herkese ulaşmayı istedim.

Ve Tanrı, hayalimi gerçekleştirdi. Ben ve kocam, Londra Manmin Kilisesi misyonerleri olarak çalışmaya başladık. Yaşayan Tanrı'yı duyuruyoruz.

Olağanüstü Şeyler'den Alıntıdır

 # İtaat

> Tanrı'nın Sözüne 'Evet' ve 'Âmin' ile itaat,
> Tanrı'nın işlerini deneyim etmenin kısa yoludur.

İsa'nın tam itaati

İsa, göğün birinci katının adaletine itaat etmiştir

Tanrı'nın işlerini itaatle deneyim eden insanlar

İtaat, imanın kanıtıdır

Manmin Merkez Kilisesi, dünya evangelizmine itaatle öncülük ediyor

"İnsan biçimine bürünmüş olarak ölüme, çarmıh üzerinde ölüme bile boyun eğip kendini alçalttı."

(Filipililer 2:8)

Kutsal Kitap, mümkünatı olmayan pek çok olayın, her-şeye-gücü-yeten Tanrı sayesinde mümkün kılındığı gösterir. Güneşle ayın durması, insanların kuru toprak üzerinden geçmesini sağlayan denizin ikiye bölünmesi gibi mucizevi işler olmuştur. Bu tür şeyler, göğün birinci katının adaletine göre olmaz. Bunlar ancak göğün üçüncü katı ve üzerinin adaletine göre mümkündür.

Tanrı'nın bu tür işlerini deneyim etmemiz için koşulları karşılamalıyız. Karşılamamız gereken birkaç koşul vardır ve bunların arasında en önemlisi itaattir. Tanrı'nın Sözüne 'Evet' ve 'Âmin' ile itaat, Tanrı'nın işlerini deneyim etmenin kısa yoludur.

1. Samuel 15:22 ayeti şöyle der: "Samuel şöyle karşılık verdi: 'RAB kendi sözünün dinlenmesinden hoşlandığı kadar Yakmalık sunularda, kurbanlardan hoşlanır mı? İşte söz dinlemek kurbandan, Sözü önemsemek de koçların yağlarından daha iyidir'"

İsa'nın tam itaati

İsa, günahkâr insanları kurtarmak için çarmıha gerileceği güne dek Tanrı'nın iradesine itaat etti. İsa'nın bu itaati aracılığıyla imanla kurtulabiliriz. İsa'ya olan imanımızla nasıl kurtulacağımızı anlamak için öncelikle insanın ölüm yoluna en baştan nasıl girdiğini dikkate almak zorundayız.

Âdem, günahkâr olmadan evvel Aden Bahçesi'nde sonsuz yaşamın keyfini sürebiliyordu. Fakat Tanrı'nın yasakladığı ağacın meyvesinden yiyerek, 'günahın ücreti ölümdür' (Romalılar 6:23) diyen ruhani dünyanın yasasına göre, ölüme ve cehenneme mahkum oldu.

Fakat Tanrı, Âdem'in itaat etmeyeceğini bildiğinden, çağlar öncesinden İsa Mesih'i hazırlamıştı. Bu, Tanrı'nın adaletiyle kurtuluş yolunun açılması içindi. Söz olan İsa bedene bürünerek bu dünyada bir insan vücudunda doğdu.

Tanrı, Kurtarıcı Mesih ile ilgili kehanetleri bildirmiş olduğundan, düşman iblis ve Şeytanda Mesih'ten haberdardı. İblis, Kurtarıcıyı öldürmek için her zaman fırsat kolladı. Üç yıldızbilimci İsa'nın doğduğunu söylediklerinde, iblis Kral Hirodes'i iki ve iki yaşından küçük erkek çocuklarını öldürtmesi için ayarttı.

Ayrıca iblis, kötü insanları da İsa'yı çarmıha germeleri için ayarttı. İblis, Kurtarıcı olarak dünyaya gelen İsa'yı öldürdüğü takdirde, tüm günahkârları cehenneme alabileceğini ve onların orada sonsuza dek kendi kontrolünde olabileceğini düşünüyordu.

İsa'da ne orijinal günah ne de kendisinin işlediği bir günah olmadığından, günahın ücretinin ölüm olduğunu söyleyen adaletin kuralınca ölüme tabi değildi. Buna rağmen İblis, İsa'nın öldürülmesine öncülük yaparak adaletin yasasını kendi çiğnemiş oldu.

Sonuç olarak; günahsız İsa ölümü yendi ve dirildi. Ve artık İsa Mesih'e her kim inanırsa kurtulabilir ve sonsuz yaşamı kazanabilir. İlk olarak; günahın ücretinin ölüm olduğunu söyleyen adaletin yasasına göre Âdem ve onun soyundan gelenler ölüm yolunda gitmeye mahkûm oldular. Ama sonra İsa Mesih'in aracılığıyla kurtuluş yolu açıldı. İşte bu, 1. Korintliler 2:7 ayetinde geçen 'çağlar öncesinde saklanmış gizemdir.'

İsa, "Günahım olmamasına rağmen neden günahkârlar için öldürülmeliyim?" diye hiç düşünmedi. Tanrı'nın takdiri ilahisine göre çarmıha gerileceği haçı isteyerek sırtlandı. İşte kurtuluşumuzun yolunu, İsa'nın bu tam ve eksiksiz itaati açtı.

İsa, göğün birinci katının adaletine itaat etmiştir

Bu dünyadaki tüm yaşamı boyunca İsa, Tanrı'nın istemine eksiksiz itaat etti ve göğün birinci katının adaletinin kurallarına göre yaşadı. Tanrısal özyapıya sahip olmasına rağmen insan bedenine büründü ve tıpkı insan gibi açlık, yorgunluk, acı, keder ve yalnızlık çekti.

Vaazlarına başlamadan önce 40 gün oruç tuttu. Ve tüm şeylerin idarecisi olmasına rağmen dualarında kendini adayarak yakardı ve hep dua etti. 40 günlük orucunun bitimine yakın, tam üç kez iblis tarafından test edildi ve aklı çelinip sarsılmadan Tanrı'nın Sözüyle iblisi kovdu.

İsa, Tanrı'nın gücüne sahip olduğundan türlü türlü mucizevi ve olağanüstü işler ortaya koydu. Ve bu mucizeleri, Tanrı'nın takdiri ilahisine uygun oldukları zamanlar gösterdi. Suyu şaraba çevirmek, beş ekmek ve iki balıkla 5000 insanı doyurmak gibi hadiselerle Tanrı'nın Oğlu olarak gücünü gösterdi.

Arzu etseydi, kendisiyle alay edip çarmıha gerenleri yok edebilirdi. Ama sessizce zulmü ve hor görülmeyi karşıladı ve itaatle çarmıha gerildi. Bir insan gibi tüm çileyi ve acıyı çekti. Ve tüm kanıyla suyunu akıttı.

İbraniler 5:8-9 ayetleri şöyle der: "Oğul olduğu halde, çektiği acılarla söz dinlemeyi öğrendi. Yetkin kılınınca, sözünü dinleyen herkes için sonsuz kurtuluş kaynağı oldu"

Tam bir itaatle adaletin yasasını tamamladığından, Rab İsa'ya iman eden ve gerçekte yaşayan herkes doğruluğun hizmetkarı olabilir ve günahın hizmetkârları olarak ölüm yoluna girmeden kurtuluşa nail olabilirler (Romalılar 6:16).

Tanrı'nın işlerini itaatle deneyim eden insanlar

İsa, Tanrı'nın Oğlu olmasına rağmen tam bir itaatle Tanrı'nın takdiri ilahisini yerine getirdi. Öyleyse biz sıradan yaratılmışlar, Tanrı'nın işlerini deneyim etmek için daha ne kadar çok itaat etmeliyiz?

Yuhanna 2. Bölümde, İsa suyu şaraba çevirerek bir mucize gerçekleştirmiştir. Bir şölen esnasında şarap bitince; Bakire Meryem hizmet edenlere özellikle İsa her ne derse onu yapmalarını salık vermiştir. İsa, 'küpleri suyla' doldurmalarından sonra birazını alıp şölen başkanına götürmelerini onlara söyledi. Şölen başkanı suyu tattığında çoktan iyi bir şaraba dönüşmüştü.

Eğer hizmet edenler, şölen başkanına su götürmeyeceklerini söyleyip İsa'ya itaatsizlik etmiş olsalardı, şarap mucizesine tanık olamayacaklardı. İtaatin ve adaletin yasasını gayet iyi bilen Bakire Meryem, İsa'nın söylediklerini aynen yapmalarını hizmet edenlerden istemiştir.

Petrus'un itaatini de göz ardı etmemeliyiz. Petrus tüm gece boyunca tek bir balık yakalayamamıştı. Ama İsa, "Derin sulara açılın, balık tutmak için ağlarınızı atın," diye buyurduğunda, "Efendimiz, bütün gece çabaladık, hiçbir şey tutamadık. Yine de senin sözün üzerine ağları atacağım," sözleriyle itaat etti. Bunu yapınca öyle çok balık yakaladılar ki, ağları yırtılmaya başladı (Luka 5:4-6).

Yaratan Tanrı'yla bir olan İsa özgün sesle gürlediğinden, balıklar sürü halinde O'nun buyruğuna hemen itaat ettiler ve ağa girdiler.

Ama ki Petrus İsa'nın buyruğuna itaat etmeseydi ne olurdu? "Efendim, balık tutmayı senden çok daha iyi biliyorum. Tüm gece boyunca balık tutmaya çalıştık ve şimdi çok yorgunuz. Bu günlük bu kadar yeter. Derin sulara açılıp ağı atmak bizi yorar," deseydi hiçbir mucize gerçekleşmezdi.

Krallar 1, 17. Bölümde Sarefat'lı dul bir kadında itaati sayesinde Tanrı'nın işini deneyim etmiştir. Uzun süren kuraklık yüzünden yiyeceği tükenmiş, elinde sadece bir avuç un ve yağ kalmıştı. Bir gün İlyas kadına geldi ve şu sözlerle kendisinden yiyecek istedi: "İsrail'in Tanrısı RAB diyor ki, 'Toprağa yağmur düşünceye dek küpten un, çömlekten yağ eksilmeyecek.'" (1. Krallar 17:14).

Dul kadın ve oğlu, son kalanları yedikten sonra belki de ölüp gideceklerdi. Fakat kadın, İlyas'ın Tanrı'dan getirdiği mesaja inandı ve itaat etti. Tüm yiyeceğini İlyas'a verdi. Ve o vakit Tanrı, vaat ettiği gibi itaat eden kadın için bir mucize gerçekleştirdi. Kıtlık bitene dek küpten un, çömlekten yağ eksilmedi. Dul kadın, oğlu ve İlyas kurtuldular.

İtaat, imanın kanıtıdır

Markos 9:23 ayeti şöyle der: "İsa ona, 'Elimden gelirse mi? İman eden biri için her şey mümkün!' dedi.'"

İşte bu, iman ettiğimizde her-şeye-gücü-yeten Tanrı'nın işlerini deneyim edebileceğimizi söyleyen adaletin yasasıdır. İmanla dua edersek hastalıklar uzaklaşır, imanla buyurursak kötü ruhlar, her türlü sınama ve zorluklar uzaklaşır. İmanla dua edersek mali açıdan kutsanırız. İmanla her şey mümkündür!

Adaletin yasasına göre yanıtları alacağımız imana sahip

olduğumuza, itaatimizin eylemleri tanıklık eder. Yakup 2:22 ayeti şöyle der: "Görüyorsun, onun imanı eylemleriyle birlikte etkindi; imanı eylemleriyle tamamlandı." Yakup 2:26 ayeti şöyle der: "Ruhsuz beden nasıl ölüyse, eylemsiz iman da ölüdür."

İlyas, Sarefat'lı dul kadından kendisi için son yemeğini getirmesini istemişti. Eğer ki kadın, "Tanrı adamı olduğuna inanıyorum ve Tanrı'nın beni kutsayacağına ve yiyeceğimin asla tükenmeyeceğine inanıyorum," deyip itaat etmeseydi, Tanrı'nın hiçbir işine şahit olamazdı çünkü eylemi, imanının kanıtı olmayacaktı.

Fakat dul kadın, İlyas'ın sözlerine güvendi. İmanının bir kanıtı olarak İlyas'ın sözlerine itaatle son yiyeceğini ona verdi. Kadının bu eylemi, imanına tanıklık etti ve iman eden için her şeyin mümkün olduğunu söyleyen adaletin yasası uyarınca mucize gerçekleşti.

Tanrı'dan görümler ve rüyalar almak da imanımız ve itaatimiz için çok önemlidir. İbrahim, Yakup ve Yusuf gibi imanın ataları, Tanrı'nın Sözünü zihinlerine yerleştirmiş ve itaat etmişlerdir.

Yusuf henüz genç iken, Tanrı bir rüyayla saygın bir adam olacağını bildirmiştir. Yusuf bu rüyaya inanmakla kalmamış, ama ayrıca her zaman o rüyayı hatırlamış ve rüya gerçekleşene dek düşüncelerini değiştirmemiştir. Her koşul altında Tanrı'nın işlerini aramış ve Tanrı'nın rehberliğini izlemiştir.

13 yıl boyunca köle ve esir olarak rüyasının tam aksi bir hayat sürmesine rağmen Tanrı'nın bahşettiği rüyadan kuşku duymamıştır. Tanrı'nın buyruklarına itaat ederek sadece doğru yolda yürümüştür.

Tanrı onun imanını ve itaatini görüp rüyasını gerçekleştirmiştir. Tüm sınamalar sonlanmış ve 30 yaşına geldiğinde kral Firavundan sonra Mısır'ın ikinci güçlü adamı olmuştur.

Manmin Merkez Kilisesi, dünya evangelizmine itaatle öncülük ediyor

Bu gün tüm dünyada, Manmin Merkez Kilisesi'nin on binden fazla şube/ilişikli kiliseleri bulunmaktadır ve Internet hizmetleriyle, uydu televizyonları ve diğer medyayla müjdeyi dünyanın her bir köşesine duyurmaktadır. Kilise, başlangıçtan şu ana dek adaletin yasası uyarınca itaatin eylemlerini ortaya koymuştur.

Tanrı'yı bulduğum andan itibaren tüm hastalıklarım iyileşti. Ve hayalim; Tanrı'nın nazarında uygun kıdemli bir kilise büyüğü olup Tanrı'yı yüceltmek ve pek çok yoksul insana yardım etmekti. Ama bir gün Tanrı'nın, "Seni çağlar öncesinden Hizmetkârım olarak seçtim," çağrısını aldım. Ve eğer kendimi üç yıl boyunca Tanrı sözüyle donatırsam, gittiğim her yerde okyanusları, nehirleri ve dağları aşarak mucizevi işler ortaya koyacaktım.

Gerçekte ise henüz yeni bir inanlıydım. Kalabalık önünde konuşmak için içe dönük ve zayıftım. Fakat hiçbir özür öne sürmeden itaat ettim ve Tanrı'nın bir hizmetkârı oldum. Kutsal Kitap'ın 66 bölümündeki Tanrı Sözüne uygun yürümek için elimden gelenin en iyisini yaptım ve Kutsal Ruh'un rehberliğinde oruç tutarak dua ettim. Tanrı'nın buyurduğu şekilde itaat ettim.

Yurtdışında devasa büyüklükte seferler düzenlediğimde kendime göre planlar yapıp hazırlanmadım. Sadece Tanrı'nın buyruğuna itaat ettim. Gitmemi buyurduğu yere gittim. Devasa büyüklükte seferlerin hazırlanması yıllar alır, ama Tanrı'nın buyruğuyla onlara birkaç ayda hazırlandık.

Devasa büyüklükte ki bu seferleri düzenleyecek yeterli miktarda paramız olmadığında dahi, Tanrı dua ettiğimiz zaman bizleri finansal açıdan düzlüğe çıkardı. Bazen ise Tanrı, müjdeyi duyurmanın imkânsız olduğu ülkelere gitmemi buyurdu.

2002 yılı Madras-Hindistan seferine hazırlanırken, Tamil Nadu hükümeti din değiştirmek için yapılan zorlamaları yasaklayan yeni bir kararname açıkladı. Kararname; zorla, cezbederek veya hileli yollarla bir kişinin bir dinden çıkıp diğerine geçmesini ya da bir başkasını bir dinden çıkarıp diğerine geçirmesini yasaklayacak şekilde düzenlenmişti. Eğer din değiştiren reşit olmamış bir kişi, bir kadın ya da belli bir kast ya da belli bir kabile mensubu ise, yasanın ihlali beş yıla kadar hapis ve para cezasıyla sonuçlanabilecekti. 1 lakh'lık ceza, iki bin günlük maaşa eş değer 100,000 rupi ediyordu.

Marina sahilinde yapacağımız seferimiz sadece Hintli Hristiyanlar içinde değil, ama aynı zamanda tüm nüfusun %80'ini oluşturan Hintlilere de yönelikti.

Zorla Din Değiştirilmesini Yasaklayan Kararname'nin, seferimizin ilk gününde yürürlüğe girmesi gerekiyordu. Dolayısıyla, sahneden müjdeyi duyurduğum için hapse atılmaya hazır olmalıydım. Bazıları, Tamil Nadu polisinin geleceğini ve vaazlarımı kayda almak için seyredeceklerini söyledi.

Bu tehditkâr durum karşısında, Hintli pederler ve organizasyon komitesi gergindi. Ama ben cesaretimi topakladım ve Tanrı buyurduğu için Tanrı'ya itaat ettim. Tutuklanmaktan ya da hapse atılmaktan korkmuyordum. Ve cesurca Yaratan Tanrı'yı ve Kurtarıcı

İsa Mesih'i duyurdum.

Sonrasında Tanrı olağanüstü şeyler ortaya koydu. Vaazım esnasında, "Eğer yüreğinize iman geldiyse ayağa kalk ve yürü," dedim. O anda bir çocuk ayağa kalkıp yürümeye başladı. Seferin öncesinde çocuğun pelvis ve kalça eklemi bir ameliyat sırasında kesilmiş, metal bir plaka ile bu iki parça bağlanmıştı. Ameliyat sonrası şiddetli ağrıları olmuştu ve destek değnekleri olmadan bir adım bile atamaz haldeydi. Fakat ben, "ayağa kalk ve yürü," dediğimde hemen koltuk değneklerini attı ve yürümeye başladı.

Bu küçük çocuğun mucizesi dışında, o gün Tanrı'nın pek çok olağanüstü işleri ortaya kondu. Körler görmeye, sağırlar duymaya ve dilsizler konuşmaya başladı. Tekerlekli sandalyelerinden kalktılar ve koltuk değneklerini attılar. Haberler şehirde hızla yayıldı ve bir sonraki gün daha fazla insan geldi.

Toplam üç milyon insan toplantılara katıldı ve daha da şaşırtıcı olanı, katılımcıların %60'dan fazlası Hintliydi. Alınlarında Hintli işaretleri vardı. Vaazı dinledikten ve Tanrı'nın güçlü işlerine tanık olduktan sonra alınlarındaki işaretleri çıkardılar ve Hristiyan olmaya karar verdiler.

Sefer, yerli Hristiyanların birleşmesine yol açtı ve sonunda zorla din değiştirmekle ilgili kararname yürürlükten kalktı. Böylesi harika bir iş Tanrı'ya itaatin vesilesiyle oldu. Tanrı'nın böylesi olağanüstü işlerini deneyimlemek için özellikle neye itaat etmeliyiz?

İlk olarak; Kutsal Kitap'ın 66 bölümüne itaat etmeliyiz.

Sadece bize belirdiği ve bizden bir şey yapmamızı istediği zaman

Tanrı'nın Sözüne itaat etmemeliyiz. Her daim Kutsal Kitap'ta mevcut 66 bölümde yazılı olan sözlere itaat etmeliyiz. Tanrı'nın istemini anlamalı ve Kutsal Kitap'ın aracılığıyla itaat etmeliyiz. O zaman kilisede verilen vaazlara da itaat edebiliriz. Kısaca yapmamızı, yapmamamızı, tutmamızı ve söküp atmamızı söyleyen sözler, Tanrı'nın adaletinin kurallarıdır ve bu yüzden onlara itaat etmeliyiz.

Örneğin; günahlarınızdan gözyaşları içinde tövbe etmeniz gerektiğini duyarsınız. Kendimizle Tanrı arasında örülen günah duvarını yıktıktan sonra Tanrı'dan yanıt alabileceğimizi söyleyen yasadır (Yeşaya 59:1-2). Ayrıca dualarınızda yakarmanız gerektiğini duyarsınız. Bu, alın terimizin ve uğraşımızın meyvesini yiyeceğimizi söyleyen yasaya göre yanıtları getiren bir dua yöntemidir (Luka 22:44).

Tanrı'yı bulmak ve O'nun yanıtlarını almak için önce günahlarımızdan tövbe etmeli ve dualarımızda neye ihtiyacımız olduğunu yakararak Tanrı'ya sormalıyız. Bir kimse günah duvarını yıkar, tüm kuvvetiyle dua eder ve imanın eylemlerini gösterirse Tanrı'yı bulabilir ve yanıtları alabilir. Bu, adaletin yasasıdır.

İkincisi; Tanrı'nın birlikte olduğu Tanrı hizmetkârlarının sözlerine inanmalı ve itaat etmeliyiz.

Kilisenin açılmasından hemen sonra bir kanser hastası ayine katılmak için sedye üzerinde kiliseye getirildi. Ona oturarak vaazları dinlemesini söyledim. Karısı sırtından destek oldu ve güçbela oturarak vaazı dinleyebildi. Çok hasta olduğu ve sedye getirildiği için oturmasının çok zor olduğunu ben bilmiyor muydum? Fakat Kutsal Ruh'un esinlemesiyle ona bu öğüdü verdim ve o da itaat etti.

Adamın itaatini gören Tanrı derhal ona ilahi şifayı bahşetti. Tüm acıları dindi, doğrulabildi ve bir başına yürüyebildi.

Tıpkı Tanrı adamı İlyas'ın sözlerine itaat eden Sarefat'lı dul kadın gibi, adamın itaati Tanrı'nın yanıtını aldığı bir yol oldu. Kendi imanıyla iyileşemezdi. Ama Tanrı'nın gücünü ortaya koyan bir Tanrı adamının sözüne itaat ettiği için Tanrı'nın şifa veren gücünü hissetti.

Üçüncüsü; Kutsal Ruh'un işlerine itaat etmeliyiz.

Tanrı'nın yanıtlarını almak için, dua ederken ve vaazları dinlerken Kutsal Ruh'un sesini derhal izlemeliyiz. Çünkü içimizde yaşayan Kutsal Ruh, adaletin yasasına göre bizleri kutsamaların ve yanıtların yoluna yönlendirir.

Örneğin bir vaaz esnasında, Kutsal Ruh ayinden sonra sizi daha fazla dua etmeye çağırıyorsa hemen itaat etmelisiniz. Eğer itaat ederseniz, uzunca bir zamandır bağışlanmadığınız günahlarınızdan tövbe edebilir veya Tanrı'nın lütfuyla yeni dillerle konuşma armağanını alabilirsiniz. Bazen bazı kutsamalar, dua ettiğiniz esnada gelir.

Yeni bir inanlı olduğum zamanlarda günü kurtarmak için şantiyelerde ağır iş yapmak zorundaydım. Otobüs biletinden tasarruf etmek adına o yorgun bedenimle eve yürürdüm. Fakat Kutsal Ruh, bir kilise inşaatında bir miktar çalışmam ya da şükran sunusu vermem için yüreğime tesir ettiğinde sadece itaat ettim.

Kendi düşüncelerime kulak asmadan verdim. Hiç param olmadığı zamanlarda belli bir günde Tanrı'ya ödemek üzere yemin ettim. Ve tüm çabalarımla o gün geldiğinde o parayı yaptım ve

Tanrı'ya sundum. Ben itaat ettikçe Tanrı beni hazırladığı daha fazla şeyle kutsadı.

Tanrı, itaatimizi görür, yanıtların ve kutsamaların kapısını açar. Bana gelince; dilediğim şeyleri çeşitli büyüklük ve küçüklükte bana bahşetti ve onlar sadece parasal şeyler değildi. İmanla itaat ettiğim zaman bana dilediğim her şeyi bahşetmiştir.

2. Korintliler 1:19-20 ayetleri şöyle der: "Silvanus ve Timoteos`la birlikte size tanıttığımız Tanrı`nın Oğlu İsa Mesih hem "evet" hem "hayır" değildi. O`nda yalnız "evet" vardır. Çünkü Tanrı`nın bütün vaatleri Mesih`te "evet"tir. Bu nedenle Tanrı`nın yüceliği için Mesih aracılığıyla Tanrı`ya "Âmin" deriz."

Adaletin yasasına göre Tanrı'nın işlerini deneyim etmemiz için itaatimizle imanın eylemlerini göstermeliyiz. Koşullarımıza veya durumumuza bakmaksızın tıpkı İsa'nın örneğini verdiği şekilde itaat edersek, Tanrı'nın işleri önümüzde fazlasıyla gözler önüne serilir. Umut ediyorum ki hepiniz sadece 'Evet' ve 'Âmin' ile Tanrı'nın Sözüne itaat eder ve günlük yaşamlarınızda Tanrı'nın işlerini deneyim edersiniz.

Dr. Paul Ravindran Ponraj (Madras, Hindistan)
- Birleşik Krallık, Southampton Hastanesi'nde Kardiyo-torasik Cerrahi Bölümünde Üst Düzey Görevli
-Birleşik Krallık, Londra St. Georges Hastanesi'nde Kardiyo-torasik Cerrahi Bölümü Uzman Asistan
-Birleşik Krallık, Middlesex HAREFIELD Hastanesi'nde kardiyotorasik Cerrahi Bölümü Uzmanı
-Madras, Willington Hastanesi'nde Kardiyotorasik Cerrah

Tanrı'nın Tıbbı Aşan Gücü

Hastalarda mesh edilmiş mendilleri kullandım ve iyileştiklerini gördüm. Ameliyat esnasında mendilleri gömleklerimin ceplerinde her zaman taşıyordum. 2005 yılında olan bir mucizeyi anlatmak istiyorum.

Tamil Nadu'nun kasabalarından birinden 42 yaşındaki bir müteahhit, koroner arter hastalığı sebebiyle bana gelmeye başladı ve kendisinin bypass ameliyatı olması gerekiyordu. Onu ameliyata hazırlayıp ve aldım. Kalp atışıyla icra edilen oldukça basit 2 bypass greft (kapalı pompa) ameliyatıydı. Ameliyat iki, iki buçuk saat içinde sonlandı.

Göğüs kafesi kapatılırken anormal EKG görüldü, durumu unstabil oldu ve kan basıncı düştü. Göğsünü yeniden açtım ve bypass greftlerin gayet iyi durduğunu gördüm. Anjiyografi kontrolünden geçirilmek üzere kateterizasyon laboratuvarına alındı. Kan akışı olmaksızın kalbindeki kan damarlarının ve bacaklarındaki büyük kan

damarlarının spazm geçirdiği tespit edildi. Bu gün bile buna neden olduğunu tespit edebilmiş değiliz.
Bu genç adam için hiçbir umut yoktu. Harici kalp masajıyla ameliyathaneye alındı, göğsü yeniden açıldı ve 20 dakika boyunca kalbine doğrudan masaj yapıldı. Kalp akciğer makinesine bağlandı. Spazmı geçirmek için çeşitli damar genişletici ilaçlar verildi, ama bir sonuç alınamadı. Yedi saat boyunca 25'ten 30mmHg pompalamayla ortalama kan basıncını muhafaza etti. Bu basınçta kanlanmanın oksijenin beyin fonksiyonları için yetersiz olduğunun farkındaydım.
18 saatlik mücadelenin ve olumlu sonuç almadan 7 saatlik kalp pompalanmasının sonunda, göğsünü kapatmaya ve hastayı kaybettiğimizi ilan etmeye karar verdik. Dizlerimin üzerine çöktüm ve dua ettim. "Tanrım, dileğin buysa öyle olsun," dedim. Ameliyata duayla başlamıştım ve uzun zamandan beri Dr. Jaerock Lee'nin verdiği mesh edilmiş mendili yanımda taşıyordum. Elçilerin İşleri 19:12 ayetinde yazılanları hatırladım. Hastayı kaybettiğimizi ilan etmeden önce göğsünü kaparken duamı bitirdim ve ameliyathaneye girdim.
Birden bir şey oldu ve hasta tamamen normale döndü. EKG'si normale döndü. Tüm ekip şok olmuştu ve ekipten inanlı olmayan

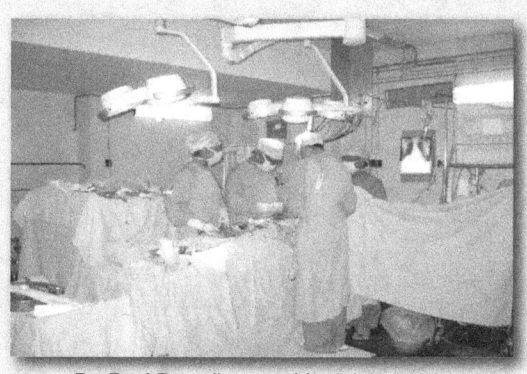

Dr. Paul Ponraj'ın cerrahi müdahalesi (merkez)

biri, iman ettiğim Tanrı'nın beni onurlandırdığını söyledi. Evet, imanla yürümenin mucizenin ortasında ve felaketin sonunda yürümek olduğu doğrudur. Bu genç adam, sağ bacağındaki ufak bir şişlik dışında hiç bir nörolojik sorun yaşamadan hastaneden ayrıldı. İkinci bir yaşam kendisine bahşedildiği için artık kendisini Tanrı'nın işlerine vereceğini bir dua toplantısında ifade etti.

Olağanüstü Şeyler'den Alıntıdır

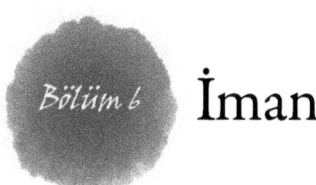 # İman

> Eğer imanın verdiği tam güvenceye sahip olursak, imkânsız görünen durumlar karşısında bile Tanrı'nın gücünü indirebiliriz.

İçten bir yürek ve imanın verdiği tam güvence

İman ve içtenlik arasındaki ilişki

İmanın verdiği güvenceyle dileyin

İmanın verdiği tam güvence ve yürekten içtenlikle İbrahim

İçten bir yürek ve imanın verdiği tam güvenceyi yetiştirmek

İmanın testleri

Pakistan seferi

"Öyleyse yüreklerimiz serpmeyle kötü vicdandan arınmış, bedenlerimiz temiz suyla yıkanmış olarak, imanın verdiği tam güvenceyle, yürekten bir içtenlikle Tanrı'ya yaklaşalım."

(İbraniler 10:22)

İnsanlar farklı ölçülerde Tanrı'dan yanıt alırlar. Bazıları tek bir duayla ya da sadece yüreklerinde arzulayarak yanıt alırken, diğerler ise günler süren oruç ve dualar sunmak zorunda kalırlar. Bazı insanlar karanlığın gücünü kontrol altına alarak ve imanın duasıyla hastalara şifa olan belirtiler ortaya koyarlar (Markos 16:17-18). Öte yandan bir diğerleri de, imanla dua ettiklerini, ama dualarıyla hiçbir belirti ve harikanın meydana gelmediğini söylerler.

Eğer bir kişi Tanrı'ya iman ettiğini ve dua ettiğini söylüyor ama yine de bir hastalıktan çekiyorsa, imanını gözden geçirmelidir. Kutsal Kitap'ta yazılan sözler, sonsuza dek değişmeyecek gerçektir ve bu yüzden Tanrı'nın onayladığı imana sahip olan biri dilediği her şeyin yanıtını alır. İsa, Matta 21:22 ayetinde bize şu vaatte bulunmuştur: "İmanla dua ederseniz, dilediğiniz her şeyi alırsınız."

Peki, öyleyse insanların farklı ölçülerde Tanrı'dan yanıt almasının sebebi nedir?

İçten bir yürek ve imanın verdiği tam güvence

İbraniler 10:22 ayeti şöyle der: "...yüreklerimiz serpmeyle kötü vicdandan arınmış, bedenlerimiz temiz suyla yıkanmış olarak, imanın verdiği tam güvenceyle, yürekten bir içtenlikle Tanrı'ya yaklaşalım" Burada geçen içten yürek, içinde hiçbir yalanın olmadığı gerçeğin yüreğidir. O yürek, İsa Mesih'in yüreğine benzeyen yürektir.

Basitçe söylemek gerekirse, tam güvenceyle iman yetkin imandır. Hiçbir kuşku duymadan ve Tanrı'nın tüm buyruklarını tutarak, Kutsal Kitap'ın 66 bölümünde yazılı olan tüm sözlere inanmaktır. İçten bir yüreğe sahip olduğumuz ölçüde yetkin bir imana sahip olabiliriz. Gerçek bir yüreğe sahip olmayı başaranların ikrarı, imanın gerçek ikrarıdır. Tanrı, bu insanların dualarını hızla yanıtlar.

İnsanların çoğu, Tanrı'nın huzurunda imanlarını dile getirir, ama onların söylemlerindeki içtenlik farklıdır. Yüreklerindeki içtenlik %100 gerçek olduğundan iman ikrarları da %100 gerçek olan insanlar olduğu gibi, yüreklerindeki içtenlik %50 gerçek olduğundan iman ikrarları da %50 gerçek olan insanlar vardır. Eğer bir kişinin yüreği sadece %50 içten ise Tanrı, "Bana yarım inanıyorsun," diyecektir. Bir kişinin iman ikrarının içindeki içtenlik, o kişinin Tanrı tarafından kabul edilen imanının ölçüsüdür.

İman ve içtenlik arasındaki ilişki

İlişkilerimizde bir kişiye güvendiğimizi söylüyor olsak bile o kişiye olan gerçek güvenimizin derecesi çok farklı olabilir. Örneğin anneler, küçük çocuklarını evde yalnız bırakıp dışarı çıktıklarında ne derler? "Uslu durun ve evden çıkmayın. Size güveniyorum, çocuklar," diyebilirler. Peki, anne çocuklarına gerçekten de güveniyor mudur?

Çocuğuna gerçekten inanan bir annenin, "Sana güveniyorum," demesine gerek yoktur. Sadece, "Zamanında geri döneceğim," diyebilir. Fakat çocuğu güvenilmez ise sözlerine birkaç eklemede bulunur. Şöyle eklemelerde bulanabilir: "Yeni temizlik yaptım. Evi temiz tutun. Makyaj malzemelerine dokunmayın. Gazı açmayın." Huzurlu olmadığı her bir konunun üzerinden geçer ve evden çıkmadan evvel, "Size güveniyorum. Sözlerimi dinleyin," der.

Hatta güvenin miktarı daha da az ise, çocuklarına yapmalarını istediklerini sıraladıktan sonra dahi evi telefonla arayarak neler yaptıklarını denetler. "Neler yapıyorsunuz? Her şey yolunda mı?" diye sorar ve çocuğunun ne yaptığını öğrenmeye çalışır. Çocuğuna güvendiğini söylemiştir, ama tam anlamıyla yürekten güvenemez. Ebeveynlerin çocuklarına olan güvenlerinin dereceleri farklıdır.

İçtenliklerine ve güvenilirliklerine göre bazı çocuklara diğer çocuklardan daha fazla güvenebilirsiniz. Anne-babalarını her daim dinleyen çocuklara, ebeveynlerde %100 güvenebilirler. Ve o anne-babaların, "Sana güveniyorum," demeleri gerçekten de doğrudur.

İmanın verdiği güvenceyle dileyin

Anne-babalar, %100 güven sağlamış çocuklarına istediği bir şeyi verebilirler. Çocuğa, "Onunla ne yapacaksın?" ya da "Şu anda çok mu ihtiyacın var?" gibi sorular yöneltmezler. Tam bir güvenceyle, "Kesinlikle gerekli olduğu için istiyor. Müsrif biri değildir," diyerek çocuklarına istediklerini verebilirler.

Ama eğer ebeveynler onlara tam güvenmiyorsa, çocuklarının ricasının uygun olduğunu anladıkları zaman razı olurlar. Güvenleri ne kadar az ise, çocuklarının söylediklerine o kadar az güvenirler ve çocuklarının istediklerini verme konusunda tereddüt ederler. Eğer çocuk mütemadiyen istiyorsa, ebeveynler çocuğa inandıkları için değil, ama çok ısrarcı olduğu için de istediğini bazen verebilirler.

Bu ilke, Tanrı'yla bizim aramızda da işler. Tanrı'nın, "Oğlum, kızım, tam bir güvenceyle bana inanıyorsun," diyeceği ve imanınızı %100 tanıyacağı içten bir yüreğe mi sahipsiniz?

Salt gece-gündüz durmadan Tanrı'dan istediğimiz için alanlardan olmamalıyız. Her şeyde yüreğimiz bizi suçlamadan gerçekte yürüyerek Tanrı'dan istersek, dilediğimiz her şeyi alabileceğiz (1. Yuhanna 3:21-22).

İmanın verdiği tam güvence ve yürekten içtenlikle İbrahim

İbrahim, gerçek bir yüreğe ve imanın verdiği tam güvenceye sahip olduğu için imanın atası olmuştur. İbrahim, Tanrı'nın vaatlerine inandı ve hiçbir koşul altında asla kuşku duymadı.

İbrahim 75 yaşındayken, Tanrı ona soyundan büyük bir ulus oluşturacağının vaadini verdi. Fakat o zamanın üzerinden 20 yıldan fazla bir süre geçmesine rağmen hiç çocuğu olmadı. Kendisi 99 ve eşi Sara 89 yaşına geldiğinde çocuk sahibi olmak için çok yaşlıydılar, ama Tanrı bir yıl sonra bir oğulları olacağını söyledi. Romalılar 4:19-22 ayetleri bu durumu açıklar.

Şöyle der: "Yüz yaşına yaklaşmışken, ölü denebilecek bedenini ve Sara'nın ölü rahmini düşündüğünde imanı zayıflamadı. İmansızlık edip Tanrı'nın vaadinden kuşkulanmadı; tersine, imanı güçlendi ve Tanrı'yı yüceltti. Tanrı'nın vaadini yerine getirecek güçte olduğuna tümüyle güvendi. Bunun için de aklanmış sayıldı."

İnsan için tamamen imkânsız bir durum olmasına rağmen

İbrahim asla kuşku duymadı, ama tamamıyla Tanrı'nın vaadine inandı ve Tanrı, onun imanını onayladı. Tanrı, vaat ettiği gibi bir yıl sonra oğlu İshak'ı İbrahim'e verdi.

Fakat İbrahim'in imanın atası olabilmesi için geriye bir test daha kalmıştı. İbrahim, oğlu İshak'a 100 yaşında sahip oldu ve İshak gayet iyi büyüdü. Oğlunu çok seviyordu. Tam o sırada Tanrı, tıpkı ineklere ve kuzulara yapıldığı gibi, oğlu İshak'ı yakmalık bir sunu olarak kurban vermesini İbrahim'e buyurdu. Eski Ahit zamanlarında hayvanın derisini yüzer, parçalara ayırır ve yakmalık sunu olarak kurban ederlerdi.

İbraniler 11:17-19 ayetleri, İbrahim'in o an nasıl davrandığını gayet iyi açıklar: "İbrahim sınandığı zaman imanla İshak'ı kurban olarak sundu. Vaatleri almış olan İbrahim biricik oğlunu kurban etmek üzereydi. Oysa Tanrı ona, "Senin soyun İshak'la sürecek" demişti. İbrahim Tanrı'nın ölüleri bile diriltebileceğini düşündü; nitekim İshak'ı simgesel şekilde ölümden geri aldı." (İbraniler 11:17-19).

İbrahim İshak'ı sunağa bağladı ve bıçakla tam kesmek üzereydi ki o anda Tanrı'nın bir meleği belirdi ve şöyle dedi: "Çocuğa dokunma. Ona hiçbir şey yapma. Şimdi Tanrı'dan korktuğunu anladım, biricik oğlunu benden esirgemedin" (Yaratılış 22:12). Tanrı, bu testle İbrahim'in yetkin imanını onayladı. Ve İbrahim, İmanın Atası olarak yetkinliğini kanıtladı.

İçten bir yürek ve imanın verdiği tam güvenceyi Yetiştirmek

Bir zamanlar hiçbir umudumun olmadığı ve sadece ölümü beklediğim bir zamandan geçiyordum. Ama kız kardeşim beni bir kiliseye götürdü ve Tanrı'nın bir mabedinde dizlerimin üzerine çöker çökmez tüm hastalıklarımdan Tanrı'nın gücüyle iyileştim. Kız kardeşimin benim için ettiği duaların ve tuttuğu oruçların yanıtını aldım.

Tanrı'dan taşan bir sevgi ve lütuf aldığım için O'nu bilmeyi çok istedim. Tanrı'nın Sözünü öğrenmek için ayinlerle birlikte pek çok diriliş toplantılarına da katıldım. Şantiyelerde fiziksel açıdan beni yoran işler yapıyor olmama rağmen her sabah şafak duası toplantılarına katıldım. Sadece Tanrı'nın sözünü duymayı ve en iyi şekilde istemini öğrenmek istiyordum.

Pederler, Tanrı'nın isteğini öğrettiğinde sadece itaat ettim. Tanrı'nın çocuklarının sigara ve içki içmesinin doğru olmadığını duyar duymaz sigarayı ve içkiyi bıraktım. Tanrı'ya ondalıklarımızı ve sunularımızı vermemiz gerektiğini duyunca şu güne dek asla vermediğim bir gün olmadı.

Kutsal Kitap'ı okudukça, Tanrı'nın bizlere yapmamızı söylediklerini yaptım ve Tanrı'nın bizlere tutmamızı söylediklerini tuttum. Kutsal Kitap'ın söküp atmamızı söylediği şeyleri söküp atmak için dualar ettim ve hatta oruç tuttum. Onları söküp atmak kolay olmadığı zamanlar kendimden onları atmak için oruç tuttum. Tanrı, çabalarımın karşılığını lütfuyla geri ödemek için dikkate aldı ve bana kıymetli imanı bahşetti.

Tanrı'ya olan imanım her geçen gün daha da sağlamlaştı. Hiçbir zorluk ya da sınama altında Tanrı'dan asla kuşku duymadım. Tanrı'nın Sözüne itaat etmenin bir sonucu olarak, yüreğim içinde hiçbir yalanın olmadığı içten bir yüreğe dönüştü. Rab'bin yüreğine daha fazla benzemek üzere iyi ve saf bir yüreğe dönüşüyordu.

1 Yuhanna 3:21 ayetinde, "Sevgili kardeşlerim, yüreğimiz bizi suçlamazsa, Tanrı'nın önünde cesaretimiz olur, O'ndan ne dilersek alırız;" dendiği gibi, emin bir imanla Tanrı'dan diledim ve yanıtları aldım.

İmanın testleri

Öte yandan 1983 yılının şubat ayında, kilisenin açılışından 7 ay sonra imanım büyük bir testten geçti. Bir cumartesi sabahı üç kızım ve bir genç adam karbon monoksit gazından zehirlenmiş olarak bulundu. Tüm gece-boyu Cuma ayinlerinin hemen ertesinde o Neredeyse tüm gece gazı solumuş olduklarından hayatta kalmaları imkânsız görünüyordu.

Gözbebekleri tepkisizdi ve ağızlarından köpükler geliyordu. Mecalsiz bedenleri düşüyordu. Kilise üyelerinden onları kiliseye taşıyıp yere bırakmalarını istedim, sunağa çıktım ve şükran duası ettim.

"Baba Tanrı, Sana şükrediyorum. Verdin ve geri aldın. Kızlarımı Rab'bin bağrına aldığın için şükrediyorum. Hiçbir gözyaşının, kederin ve acının olmadığı egemenliğine onları aldığın için Tanrı'm sana şükürler olsun."

"Fakat genç adam kilisenin bir üyesi olduğundan Senden onu hayatta bırakmanı diliyorum. Bu olayın Adına gölge düşürmesini istemiyorum…"

Tanrı'ya bu şekilde dua ettikten sonra önce genç adam ve sonra üç kızım için teker teker dua ettim. Ve birkaç dakika bile geçmeden her biri onlar için ettiğim duanın sırasına göre bilinçlerine kavuşup doğruldu. Gerçekten Tanrı'ya güvendiğim ve O'nu sevdiğim için yüreğimde hiçbir kin ve keder olmadan şükranla dualarımı sunmuştum. Tanrı bu duaları duydu ve bize büyük bir mucize gösterdi. Bu olayla cemaat üyelerim daha büyük bir imana sahip olabildi. Ayrıca benim imanımda ziyadesiyle Tanrı tarafından tasdik edildi ve O'ndan daha büyük bir güç aldım. Yaşayan bir organizma olmamasına rağmen zehirli gazları nasıl kovacağımı öğrendim.

İmanımız test edildiğinde, Tanrı'ya olan değişmez imanımızı gösterirsek imanımız Tanrı tarafından onay görür ve kutsamalarla ödüllendiriliriz. Hatta düşman iblis ve Şeytan bile bizlere suçlama getiremez çünkü onlarda imanımızın gerçek olduğunu görmüşlerdir.

O zamandan beri tüm sınamaların üstesinden gelerek içten bir yürek ve yetkin bir imanla Tanrı'ya biraz daha yakınlaştım. Bir sonrakinde yukarıdan daha da büyük güç aldım. Bana bu şekilde bahşedilen Tanrı gücüyle 2000 yılında başlayan yurtdışı birleşik seferlerini yapmak üzere Tanrı tarafından yönlendirildim.

Kilisenin açılışından önceye rast gelen 1982 yılında 40-günlük oruç sunumu, Tanrı hoşnutlukla kabul etti ve bana Dünya Evangelizmiyle Büyük Tapınağın inşası misyonluğunu bahşetti. Üzerinden beş ya da on sene geçmesine rağmen hala bu misyonları nasıl gerçekleştireceğimin yolunu bulamamıştım. Ama Tanrı'nın bunları gerçekleştireceğine yine de inandım ve sürekli olarak bu misyonlar için dua ettim.

Kilisenin açılışından 17 yıldan fazla bir zaman geçtiğinde, Tanrı olağanüstü gücünün ortaya konduğu mega büyüklükte yurtdışı seferler vesilesiyle dünya evangelizmini gerçekleştirmekle bizi kutsadı. Uganda ile başlamak üzere Japonya, Pakistan, Kenya, Filipinler, Hindistan, Dubai, Rusya, Almanya, Peru, Kongo, Amerika Birleşik Devletleri ve hatta müjdenin duyurulmasının neredeyse imkânsız olduğu İsrail gibi ülkelerde seferlerimizi düzenledik. Ve şifanın olağanüstü işleri meydana geldi. Hindu ve İslam dininde olan pek çok insanlar dinlerini değiştirdi. Tanrı'yı oldukça yücelttik.

Tanrı, zamanı geldiğinde çeşitli dillerde kitaplar yayınlayarak müjdeyi duyurmamızı sağladı. Ayrıca Tanrı, kilisemizde ortaya konan Tanrı'nın gücünün işlerini yayabilmemiz için Global Hristiyan Network (GCN) adında bir Hristiyan TV kanalı açmamızı ve Dünya Hristiyan Doktorları ağını kurmamızı sağladı.

Pakistan seferi

Yurtdışı seferlerimizde imanla üstesinden gelmemizi gerektiren pek çok olay oldu. Ama özellikle 2000 yılında düzenlediğimiz Pakistan seferi hakkında konuşmak istiyorum.

Seferin olacağı gün pederler konferansımız vardı. Hükümetten izin almış olmamıza rağmen toplantıyı düzenleyeceğimiz yere sabah gittiğimizde kapanmış olduğunu gördük. Pakistan nüfusunun çoğunluğunu Müslümanlar oluşturur. Hristiyan toplantımıza karşı terör tehditleri olmuştu. Medya vasıtasıyla toplantımız gayet iyi duyurulmuş olduğundan Müslümanlar seferimize engel olmaya çalıştılar.

Hükümet bu yüzden birden değişmiş ve o noktayı kullanma

iznimizi iptal etmiş, konferansa katılmak için gelenlerin geçişini engellemişti. Fakat ben bundan ne rahatsız oldum ne de şaşkınlığa düştüm. Aksine yüreğime tesir etmişti ve şöyle dedim: "Konferans bu gün öğle saatinde başlayacak." Silahlı polis kuvvetleri kapıları tutarken ve hükümet görevlileri fikirlerini değiştirmezken imanımı ikrar ettim.

İşlerin böyle gideceğini önceden bilen Tanrı, bu sorunu çözecek olan Pakistan hükümetinin Kültür ve Spor bakanını hazırlamıştı. İşi dolayısıyla Lahor'daydı ve İslamabad'a dönmek için havalimanına giderken içinde bulunduğumuz durumu duymuştu. Toplantının gerçekleşmesi için Polisi ve devlet görevlilerini geri çağırdı. Hatta konferansın yapılacağı yeri ziyaret etmek için uçuşunu bile erteledi.

Tanrı'nın olağanüstü işiyle kapılar açıldı ve pek çok insan alkışlarla ve sevinç çığlıklarıyla içeri girdi. Birbirlerine sarıldılar, yoğun duygu ve sevinçle gözyaşları dökerek Tanrı'yı yücelttiler. Tüm bunların hepsi öğle saatinde oldu.

Bir sonraki gün, Pakistan'ın Hristiyanlık tarihindeki en kalabalık insan topluluğunun ortasında Tanrı'nın güçlü işleri ortaya kondu. Ayrıca Orta Doğu'daki misyonerlik çalışmalarının kapısı açıldı. O zamandan beri sefer düzenlediğimiz her ülkede yığınlarla ve Tanrı'nın en güçlü işleriyle Tanrı'yı ziyadesiyle yüceltmekteyiz.

Nasıl ki 'ana anahtara' sahip olduğumuz her kapıyı açabiliyorsak, yetkin imana sahip olduğumuzda da en imkânsız durumlarda Tanrı'nın gücünü indirebiliriz. O zaman tüm sorunlar anında çözüme kavuşur.

Kazalar, doğal afetler ya da bulaşıcı hastalıklar yaygınlaşıyor olsa bile içten yüreklerle ve yetkin imanla Tanrı'ya daha da yaklaşarak korunabiliriz. Ayrıca gerçek bir yüreğe ve yetkin bir imana sahipseniz, otorite sahibi insanlar ya da kötüler entrikalarıyla sizi aşağıya çekmeye çalışsa bile tıpkı aslan çukurunda korunan Daniel gibi Tanrı'yı yüceltebileceksiniz.

2. Tarihler 16:9 ayeti şöyle der: "RAB'bin gözleri bütün yürekleriyle kendisine bağlı olanlara güç vermek için her yeri görür." Tanrı'nın çocukları bile hayatlarında küçük ya da büyük sorunlarla yüzleşirler. Böyle zamanlarda Tanrı onlardan imanla dua ederek Kendisine güvenmelerini ister.

Gerçek bir yürekle Tanrı'nın huzuruna gelenler, günahları ifşa edildiğinde tamamıyla onlardan tövbe ederler. Günahları bağışlandığında kendilerine güven duyar ve imanın verdiği tam güvenceyle Tanrı'ya daha da yaklaşırlar (İbraniler 10:22). Bu ilkeyi anlamınız, içten bir yürek ve yetkin bir imanla Tanrı'ya yaklaşmanız için Rab'bin adıyla dua ediyorum ki dualarınızda dilediğiniz her şeyin yanıtını alabilesiniz.

Kutsal Kitap'tan Örnekler II

Göğün üçüncü katı ve üçüncü boyutun uzamı

Göğün üçüncü katı, göksel egemenliğin bulunduğu yerdir

Göğün üçüncü katının özelliklerine sahip olan uzama 'üçüncü boyutun uzamı' denir.

Yaz günleri nemli ve sıcak olduğunda tropikal bölge gibi olduğunu söyleriz.

Bu, tropikal bölgelerdeki sıcak ve nemli havanın yer değiştirdiği anlamına gelmez.

Sadece o bölgedeki iklimin, tropik bölgelerdeki iklimle benzer özellikler taşıdığı anlamına gelir.

Aynı şekilde, göğün üçüncü katına ait şeylerin göğün birinci katında (içinde yaşadığımız cismani uzam) meydana gelmesi, göğün üçüncü katının birinci katına geldiği anlamını taşımaz.

Tabii ki göksel varlıklar, melekler ya da peygamberler göğün birinci katına geleceklerinde, göğün üçüncü katının kapıları açılır.

Nasıl ki ay ya da uzay yürüyüşü yapan astronotlar özel giysiler giyiyorsa, göğün üçüncü katından birinci katına gelen varlıklarda 'üçüncü boyutun uzamına' göre donanırlar.

Kutsal Kitap'ta yazılı bazı imanın ataları da göğün üçüncü katını deneyimlemişlerdir. Bunlar genelde meleklerin ya da RAB'BİN meleklerinin belirerek onlara yardım ettiği durumlarda olmuştur.

Petrus ve Pavlus'un hapisten kurtuluşu

Elçilerin İşleri 12:7-10 ayetleri şöyle der: "Birdenbire Rab'bin bir meleği göründü ve hücrede bir ışık parladı. Melek, Petrus'un böğrüne dokunup onu uyandırdı. 'Çabuk, kalk!' dedi. O anda zincirler Petrus'un bileklerinden düştü. Melek ona, 'Kuşağını bağla, çarıklarını giy' dedi. Petrus da söyleneni yaptı. 'Abanı giy, beni izle' dedi melek. Petrus onu izleyerek dışarı çıktı. Ama meleğin yaptığının gerçek olduğunu anlamıyor, bir görüm gördüğünü sanıyordu. Birinci ve ikinci nöbetçiyi geçerek kente açılan demir kapıya geldiler. Kapı, önlerinde kendiliğinden açıldı. Dışarı çıkıp bir sokak boyunca yürüdüler, sonra melek ansızın Petrus'un yanından ayrıldı."

Elçilerin İşleri 16:25-26 ayetleri şöyle der: "Gece yarısına doğru Pavlus'la Silas dua ediyor, Tanrı'yı ilahilerle yüceltiyorlardı. Öbür tutuklular da onları dinliyordu. Birdenbire öyle şiddetli bir deprem oldu ki, tutukevi temelden sarsıldı. Bir anda bütün kapılar açıldı, herkesin zincirleri çözüldü."

Bunlar, hiçbir yanlışları olmamasına rağmen Petrus ile Pavlus'un sırf müjdeyi duyurdukları için hapse atıldığı vakalardır. Müjdeyi duyururken zulüm görmüş, ama hiç yakınmamışlardı. Aksine, Rab'bin adıyla sıkıntı çektikleri için Tanrı'yı ilahilerle yüceltmişlerdi. Yürekleri, göğün üçüncü katının adaletine uygun olduğundan, Tanrı onları özgür kılmaları için meleklerini göndermişti. Zincirler ve demir kapılar, melekler için bir sorun değildi.

Aslan çukurundan kurtulan Daniel

Pers İmparatorluğu'nda bakan olunca bazıları Daniel'i kıskandı ve ondan kurtulmak için entrikalar düzenlediler. Bunun sonucunda Daniel aslan çukuruna atıldı. Fakat Daniel 6:22 ayeti şöyle der: "Tanrım meleğini gönderip aslanların ağzını kapadı. Beni incitmediler. Çünkü Tanrı'nın önünde suçsuz bulundum. Sana karşı da, ey kral, hiçbir yanlışlık yapmadım." Burada geçen 'Tanrım meleğini gönderip aslanların ağzını kapadı' cümlesi, göğün üçüncü katının uzamının onların üzerini kapladığı anlamına gelir. Göğün üçüncü katındaki göksel egemenlikte, yeryüzünün aslanlar gibi vahşi hayvanları bile saldırgan değil, ama uysaldır. Bu dünyaya ait aslanlar, göğün üçüncü katının uzamıyla kaplandıklarında oldukça uysallaştılar. Ancak uzam üzerlerinden kaldırıldığında, kendilerine has vahşi özyapılarına geri dönerler. Daniel 6:24 ayeti şöyle der: "Kralın buyruğu uyarınca, Daniel'i haksız yere suçlayan adamları, karılarıyla, çocuklarıyla birlikte getirip aslan çukuruna attılar. Daha çukurun dibine varmadan aslanlar onları kapıp kemiklerini kırdılar."
Hiçbir günah işlememiş olan Daniel'i Tanrı korudu. Kötü insanlar, Daniel'i suçlayacak bir sebep aramış ama hiçbir sebep bulamamışlardı. Ayrıca Daniel, yaşamı tehdit altında olmasına rağmen dualarını hep etmişti. Tüm eylemleri, göğün üçüncü katının adaletine uygun düştüğünden, göğün üçüncü katının uzamı aslan çukurunu kapladı ve Daniel'e hiç zarar gelmedi.

# Sizce ben kimim?

> Sen, yaşayan Tanrı'nın Oğlu Mesih'sin."
> Eğer yüreğinizin derinlerinden
> iman ikrarında bulunursanız,
> onu eylemleriniz izler.
> Tanrı böyle ikrarlarda bulunanları kutsar.

Dudaklarla ikrarın önemi

Petrus'un suyun üzerinde yürümesi

Petrus'un göğün anahtarlarını alması

Petrus'un olağanüstü kutsanmasının nedeni

Eğer İsa'nın Kurtarıcınız olduğuna inanıyorsanız Sözü uygulayın

İsa'nın huzurunda yanıtları almak

Dudakların ikrarıyla yanıtları almak

İsa onlara, "Siz ne dersiniz" dedi, "Sizce ben kimim?" Simun Petrus, "Sen, yaşayan Tanrı`nın Oğlu Mesih`sin" yanıtını verdi. İsa ona, "Ne mutlu sana, Yunus oğlu Simun!" dedi. "Bu sırrı sana açan insan değil, göklerdeki Babam`dır. Ben de sana şunu söyleyeyim, sen Petrus`sun ve ben kilisemi bu kayanın üzerine kuracağım. Ölüler diyarının kapıları ona karşı direnemeyecek. "Göklerin Egemenliği`nin anahtarlarını sana vereceğim. Yeryüzünde bağlayacağın her şey göklerde de bağlanmış olacak; yeryüzünde çözeceğin her şey göklerde de çözülmüş olacak"

(Matta 16:15-19)

Evli çiftlerin bazıları, tüm evlilik hayatları boyunca birbirlerine nadiren, "Seni seviyorum," derler. Onlara soracak olursanız önemli olanın kalp olduğunu, sürekli belirtmeye gerek olmadığını söylerler. Hiç kuşku yok ki, kalp salt dudaklarla ikrardan daha önemlidir.

Ne kadar çok "Seni seviyorum" dersek diyelim, kalben sevmiyorsak sözlerin bir anlamı yoktur. Fakat kalbimizde olanı ikrar etmemiz daha iyi olmaz mıydı? Ruhani açıdan da durum aynıdır.

Dudaklarla ikrarın önemi

Romalılar 10:10 ayeti şöyle der: Çünkü insan yürekten iman ederek aklanır, imanını ağzıyla açıklayarak kurtulur."

Tabii ki bu ayet, yürekten imana vurgu yapıyor. Salt dudaklarımızla, "İnanıyorum," değil, ama yürekten iman ederek kurtuluruz. Buna rağmen hala yüreğimizde inandıklarımızı dudaklarımızla ikrar etmemiz söylenir. Peki neden?

Dudaklarla ikrar edilenin ardından eylemlerin önemini vurgulamak için. İmanlarını salt dudaklarıyla ikrar edip yürekten iman etmeyenler, imanın eylemleri olan imanın kanıtlarını ortaya koyamazlar.

Fakat yürekten iman edip dudaklarıyla ikrar edenler, eylemleriyle imanlarının kanıtlarını gösterirler. Kısaca; Tanrı'nın yapmalarını söylediklerini yapar, yapmamalarını söylediklerini yapmaz, tutmalarını söylediklerini tutar ve söküp atmalarını söylediklerini de söküp atarlar.

Bu yüzden Yakup 2:22 ayeti şöyle der: "Görüyorsun, onun imanı eylemleriyle birlikte etkindi; imanı eylemleriyle tamamlandı." Matta 7:21 ayrıca şöyle der: "Bana, 'Ya Rab, ya Rab!' diye seslenen herkes Göklerin Egemenliği'ne girmeyecek. Ancak göklerdeki Babam'ın isteğini yerine getiren girecektir." Sözün özü; bu ayet ancak Tanrı'nın istemi ardınca gittiğimizde kurtulabileceğimizi göstermektedir.

Yürekten gelen iman ikrarınıza eylemler eşlik eder. O zaman Tanrı bunu gerçek iman sayar ve sizi yanıtlar ve kutsamaların yoluna yöneltir. Matta 16:15-19 ayetlerinde, Petrus'un yüreğinin derinliklerinden gelen iman ikrarıyla olağanüstü şekilde kutsanmasını okuruz.

İsa öğrencilerine, "Sizce ben kimim?" diye sordu. Petrus şöyle yanıtladı: "Sen, yaşayan Tanrı'nın Oğlu Mesih'sin." Nasıl böylesi müthiş bir iman ikrarında bulanabildi?

Matta 14. bölümde, Petrus'un imanını olağanüstü şekilde ikrar ettiği bir sahneyi okuruz. Bu, suyun üzerinde yürüdüğünde olmuştur. Bir insanın suyun üzerinde yürümesi, insani bilgiler ışığında mantıklı gelmez. İsa'nın suyun üzerinde yürümesi zaten yeterince olağanüstüdür ve Petrus'un suyun üzerinde yürümesi de derhal dikkatimizi çeker.

Petrus'un suyun üzerinde yürümesi

Gecenin bir yarısında uzunca zamandır dağlarda tek başına dua eden İsa, teknede dalgalarla boğuşan öğrencilerine yaklaştı. Öğrencileri bir hayalet olduğunu düşündüler. Denizin tam ortasında ve gecenin karanlığında size yaklaşmakta olan bir varlık olduğunu hayal edin! Öğrencileri korkuyla bağrıştı.

İsa şöyle dedi: "Cesur olun, benim, korkmayın!" Petrus buna karşılık, "Ya Rab, eğer sen isen, buyruk ver suyun üstünden yürüyerek sana geleyim." İsa, "Gel!" dedi ve Petrus da tekneden indi, suyun üstünden yürüyerek İsa'ya yaklaştı.

Petrus, imanı yetkin olduğu için suyun üzerinde yürümedi. Bu gerçeği, güçlü esen rüzgârlardan korkmasından ve batmaya başlamasından anlayabiliriz. İsa hemen elini uzatıp onu tuttu. Ona, "Ey kıt imanlı, neden kuşku duydun?" dedi. Eğer sebebi yetkin iman değilse, nasıl oldu da Petrus suyun üzerinde yürüyebildi?

Bu, kendi imanıyla mümkün değildi, ama İsa'nın Tanrı Oğlu olduğuna yürekten iman etti ve O'nu tanıdı. Böylelikle o an için suyun üzerinde yürüyebildi. Bu noktada çok önemli bir şeyi kavrarız: Rab'be iman edip tanıdığımızı dudaklarımızla ikrar etmek önemlidir.

Suyun üzerinde yürümeden evvel Petrus şöyle ikrar etmişti: "Ya Rab, eğer sen isen, buyruk ver suyun üstünden yürüyerek sana geleyim." Tabii ki de bu ikrarın tam bir ikrar olduğunu söyleyemeyiz. Eğer Rab'be %100 inanıyor olsaydı, "Rab, sen her şeyi yapmaya muktedirsin. Suyun üzerinden sana gelmemi buyur," diye ikrar ederdi.

Fakat Petrus'un yüreğinin derinliklerinde yetkin ikrarda bulunacak yeterli imanı olmadığından, "Ya Rab, eğer sen isen," dedi. Bir şekilde doğrulanmayı bekliyordu. Yine de, Petrus bu sözleri söyleyerek teknedeki diğer öğrencilerden ayrıldı.

Diğer öğrenciler korkudan bağrışırken, Petrus İsa'yı tanır tanımaz iman ikrarında bulundu. Petrus yüreğinin derinliklerinden İsa'nın Rab olduğuna iman edip ikrar ettiğinde, suyun üzerinde yürümek gibi kendi imanı ve gücüyle mümkün olamayacak böylesi bir mucizeyi deneyim etti.

Petrus'un göğün anahtarlarını alması

Yukarıdaki deneyimle Petrus sonunda yetkin iman ikrarında bulundu. Matta 16:16 ayetinde şöyle dedi: "Sen, yaşayan Tanrı'nın Oğlu Mesih'sin." Bu, suyun üzerinde yürürken yaptığı ikrardan daha farklı bir ikrardı. İsa'nın vaizliği esnasında, herkes O'nu Mesih olarak kabul etmedi. Bazıları O'nu kıskançlıklarından ötürü öldürmeye çalıştı.

Hatta O'nun arkasından 'delirmiş', Baalzevul'un etkisi altına girmiş' ya da 'cinlerin önderi olarak cinleri kovuyor' gibi yanlış söylentiler yayan insanlar bile oldu.

Bunlara rağmen İsa, Matta 16:13 ayetinde öğrencilerine şu soruyu yöneltti: "Halk, İnsanoğlu'nun kim olduğunu söylüyor?" Öğrencileri şöyle yanıtladı: "Kimi Vaftizci Yahya, kimi İlyas, kimi de Yeremya ya da peygamberlerden biridir diyor" İsa'yla ilgili kötü söylentilerde vardı, ama öğrencileri İsa'yı cesaretlendirmek için o söylentileri değil, sadece iyi olanları O'na söylediler.

İsa onlara yine sordu: "Sizce ben kimim?" Bu soruya ilk yanıt veren Petrus oldu. Matta 16:16 ayetinde şöyle dedi: "Sen, yaşayan Tanrı'nın Oğlu Mesih'sin." Bir sonraki ayetlerde İsa'nın Petrus'u kutsayan sözlerini okuruz.

"Ne mutlu sana, Yunus oğlu Simun! Bu sırrı sana açan insan değil, göklerdeki Babam'dır" (Matta 16:17).

"Ben de sana şunu söyleyeyim, sen Petrus'sun ve ben kilisemi bu kayanın üzerine kuracağım. Ölüler diyarının kapıları ona karşı direnemeyecek. Göklerin Egemenliği'nin anahtarlarını sana vereceğim. Yeryüzünde bağlayacağın her şey göklerde de bağlanmış olacak; yeryüzünde çözeceğin her şey göklerde de çözülmüş olacak" (Matta 16:18-19).

Petrus, kilisenin temelini kurmakla ve ruhani uzama ait olan şeyleri bu cismani dünyada gösterebilme yetkinliğiyle kutsandı. Daha sonraki yıllarda, Petrus'un aracılığıyla sayısız harikaların meydana gelmesinin sebebi budur. Sakatları yürütmüş, ölüyü diriltmiş ve aynı anda binlerce kişinin tövbe etmesini sağlamıştır.

Ayrıca Petrus, Kutsal Ruh'a yalan söyleyen Hananya ile Safira'yı lanetlediğinde, ikisi de yere yıkılıp ölmüşlerdir (Elçilerin İşleri 5:1-11). Her şey mümkündü çünkü elçi Pavlus, yeryüzünde bağlanmış olan her şeyi göklerde de bağlama ve yeryüzünde çözeceği her şeyi göklerde de çözme yetkinliğine sahipti.

Petrus'un olağanüstü kutsanmasının nedeni

Petrus'un böylesine olağanüstü şekilde kutsanmasının nedeni neydi? İsa'nın yanında öğrencisiyken İsa'nın vesilesiyle ortaya konan gücün sayısız işlerini görmüştü. İnsani yeteneklerle olamayacak şeyler, İsa'nın aracılığıyla oluyordu. İnsani bilgelikle duyurulmayacak şeyler, İsa'nın ağzı aracılığıyla ilan ediliyordu. Öyleyse Tanrı'ya gerçekten iman edenler ve yüreklerinde iyilik olanlar ne yaptı? 'Bu sıradan bir insan değil, ama göklerden gelen Tanrı Oğlu'dur' düşüncesiyle O'nu kabullenmediler mi?

Fakat bu İsa'yı gören pek çok insan O'nu kabul etmedi. Özellikle Başkâhinler, kâhinler, Ferisiler, din bilginleri ve diğer önderler O'nu tanımayı istemediler.

Aksine bazıları O'nu kıskandı ve öldürmeye çalıştı. Yine bazıları O'nu kendi düşünceleriyle yargıladı ve suçladı. İsa, bu insanlara acıdı ve Yuhanna 10:25-26 ayetlerinde şöyle dedi: "Size söyledim, ama iman etmiyorsunuz. Babam'ın adıyla yaptığım işler bana tanıklık ediyor. Ama siz iman etmiyorsunuz. Çünkü benim koyunlarımdan değilsiniz."

İsa'nın zamanında dahi pek çok insan O'nu yargılayıp suçlamış ve öldürmeye çalışmıştır. Fakat O'nu sürekli gözlemleyen öğrencileri farklıydı. Kuşkusuz ki tüm öğrencileri yürekten O'na Tanrı Oğlu ve Mesih diye iman etmedi. Ama İsa'ya inandılar ve O'nu kabul ettiler.

Petrus, İsa'ya şöyle dedi: "Sen, yaşayan Tanrı'nın Oğlu Mesih'sin" Bu, bir başkasından duyduğu bir şey değildi. İsa'ya eşlik eden Tanrı'nın işlerini bizatihi gördüğü, Tanrı'nın bunu fark etmesini sağladığı için anlayabildi.

Eğer İsa'nın Kurtarıcınız olduğuna inanıyorsanız Sözü uygulayın

İsa'ya inandığımız takdirde kurtulacağımız, şifa bulacağımız ve kiliseye gidersek kutsanacağımız söylendiği için bazı insanlar dudaklarıyla, "İnanıyorum," der. Tabii ki kiliseye ilk kez geliyorsanız, yeterince bilgi sahibi olmanız ya da yeterince inandığınız için gelmeniz olası değildir. Kiliseye gelerek kutsanacaklarını ve kurtulacaklarını duyan pek çok insan, "Neden denemiyorum ki?" diye düşünür.

Fakat hangi sebeple kiliseye geliyor olursanız olun, Tanrı'nın muhteşem işlerini gördükten sonra asla önceki düşüncelerinizde olmamalısınız. İman olmadan inandığınızı dudaklarınızla ikrar etmemenizi, İsa Mesih'i Kurtarıcınız olarak kabul etmenizi ve eylemlerinizle İsa Mesih'i başkalarına duyurmanız gerektiğini söylüyorum.

Bana gelince; yaşayan Tanrı'yı bulduğum ve İsa'ya şahsi Kurtarıcım olarak iman ettiğimden beri tamamen farklı bir hayat yaşamaktayım. Tanrı'ya ve İsa'nın şahsi Kurtarıcım olduğuna %100 yürekten iman ettim.

Rab'bi tanıdım ve Tanrı'nın sözüne itaat ettim. Kendi düşüncelerim, teorilerim ya da fikirlerimde ısrarcı olmadım, ama sadece her şeyde Tanrı'ya güvendim. Özdeyişler 3:6 ayetinde,

"Yaptığın her işte RAB'bi an, O senin yolunu düze çıkarır." dediği gibi, her şeyde Tanrı'yı andım ve O benim tüm yollarıma rehberlik etti.

Ve sonra, tıpkı Petrus gibi olağanüstü kutsandım. İsa'nın Petrus'a, "Yeryüzünde bağlayacağın her şey göklerde de bağlanmış olacak; yeryüzünde çözeceğin her şey göklerde de çözülmüş olacak," dediği gibi, inandığım ve dilediğim her şeyi Tanrı yanıtladı.

Tanrı'yı tanıdım ve Tanrı'nın sözüne göre her türlü kötülüğü söküp attım. Kutsallaşma seviyesine ulaştığımda, Tanrı bana gücünü bahşetti. Hastaların üzerine ellerimi koyduğumda hastalıklarından iyileştiler. Ailevi ya da iş sorunları olanlara dua ettiğimde, sorunları çözüldü. Her şeyde Tanrı'yı andığımdan, imanımı ikrar ettiğimden ve O'nun Sözünü uygulayarak O'nu hoşnut ettiğimden, yüreğimin tüm arzularını yanıtladı ve beni bolca kutsadı.

İsa'nın huzurunda yanıtları almak

İncil'de, İsa'ya gelen pek çok insan olduğunu okuruz; onların hastalıklarıyla zayıflıklarını iyileştirmiş, sorunlarını çözmüştür. Onların arasında Yahudi olmayanlarda vardı, ama çoğunluğu nesiller boyu Tanrı'ya inanan Yahudilerdi.

Fakat Tanrı'ya inanmalarına rağmen sorunlarını kendileri çözemiyor ya da kendi imanlarıyla yanıtları alamıyorlardı. İsa'nın huzuruna geldiklerinde hastalıkları ve zayıflıkları iyileşti, sorunları çözüldü. Çünkü İsa'ya iman edip O'nu tanıdılar ve eylemleriyle bunun kanıtını gösterdiler.

Pek çok insanın İsa'ya gitmesinin ve hatta giysilerine dokunmaya çalışmasının nedeni, imanları tam olmasa dahi İsa'nın sıradan bir insan olmadığına ve O'nun huzuruna çıktıkları takdirde sorunlarının çözüleceğine olan imanlarıydı.

Peki ya siz? Gerçekten İsa Mesih'e inanıyor ve "Sen, yaşayan Tanrı'nın Oğlu Mesih'sin," diyorsanız, yüreğinizi gören Tanrı sizi yanıtlar. Tabii ki uzun zamandır kiliseye gelenlerin iman ikrarı, yeni inanlıların ikrarından farklı olmalıdır çünkü Tanrı, her bireyin imanına göre dudaklardan farklı ikrarlar bekler. Nasıl ki dört yaşındaki bir çocuğun bilgisi, genç bir yetişkinden farklıysa, dudaklarla ikrar da farklı olmalıdır.

Fakat bu şeyleri kendiniz ya da bir başkasından duyarak kavrayamazsınız. İçinizdeki Kutsal Ruh size bu idraki vermeli ve Kutsal Ruh'un esinlemesiyle ikrar etmelisiniz.

Dudakların ikrarıyla yanıtları almak

Kutsal Kitap'ta imanlarını ikrar ederek yanıtları alan pek çok insan vardır. Luka 18. bölümde kör bir adam Rab'be iman edip O'nu tanıdığında ve huzuruna gelip, "Ya Rab, gözlerim görsün" (a. 41) diye ikrar ettiğinde, İsa, "Gözlerin görsün; İmanın seni kurtardı" (a. 42) diye adamı yanıtladı ve adam anında görebildi.

İnandıklarında, tanıdıklarında, İsa'nın huzuruna gelip imanlarını ikrar ettiklerinde, İsa özgün sesle gürledi ve dilekleri bahşedildi. İsa, her-şeye-gücü-yeten ve her-şeyi-bilen

Tanrı'nın aynı gücüne sahipti. Kafasında bir karar aldığında, her türlü hastalık ve zayıflık şifa buluyor, hatta her türlü sorun çözümleniyordu.

Fakat bu, herkesin sorunlarını çözdüğü ve herkesin duasını yanıtladığı anlamına gelmez. O'na inanmayanların, tanımayanların ya da O'na ilgi duymayanların dualarını yanıtlamak ve onları kutsamak adalete göre doğru değildir.

Benzer şekilde; dudaklarıyla ikrar etmeseydi, Rab'be yürekten inanmasına ve O'nu tanımasına rağmen hiç İsa Petrus'a bu kutsayan sözleri eder miydi? İsa'ya iman edip O'nu tanıdığı ve bunu dudaklarıyla ikrar ettiği için Petrus'u sözleriyle kutsadı.

Eğer Petrus'un İsa'ya yaptığı gibi Kutsal Ruh'un sesini dinlerseniz, yüreğinizin derinliklerinden gelen ikrarı dudaklarınızla yapmalısınız. Kutsal Ruh'un esinlemesinden doğan ikrarı dudaklarla yapmanın vesilesiyle yüreğinizin arzularını dahi hızla almanızı umut ediyorum.

Youngmi Yoo (Masan, Güney Kore)

Bir gün davetsiz ve benzersiz bir hastalıkla uyandım

2005 yılının ocak ortalarında, sol gözüm birden kararmaya başladı ve iki gözümde ki görme gücü zayıfladı. Nesneler belirsiz görünüyorlardı ya da neredeyse hiç görünmüyorlardı. Objelerin çoğu sarı görünüyor, düz çizgiler kavisli ve dalgalı görünüyordu. Daha da kötüsü, buna kusma ve baş dönmesi eşlik ediyordu.

Doktor, "Bu, harada hastalığıdır. Nesneler yumru yumru görünür çünkü gözlerinde küçük yumrular var," dedi. Hastalığın nedeninin henüz bilinmediğini ve tıbben iyileşmenin kolay olmadığını söyledi. Eğer tümörler artarsa göz sinirlerini kaplayacak ve tüm görme gücümü kaybedecektim. Dualarımda dönüp kendime bakmaya başladım. Ve böyle bir hastalığa yakalanmasaydım, kibirli kalacak olduğumu anlayarak şükran duydum.

Daha sonra ise, Rev. Dr. Jarock Lee'nin yayınlanan duasıyla ve kendisinin üzerine dua ettiği dua mendiliyle baş dönmesi ve kusma

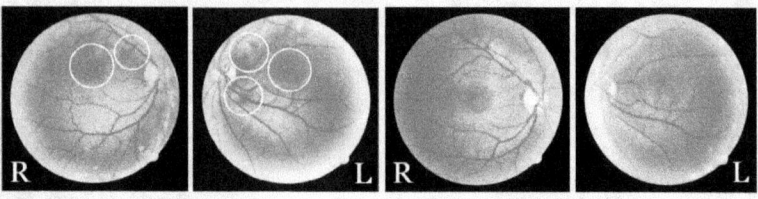

Duadan önce   Duadan hemen sonra tümörlerin yok oluşu

sonlandı. "Ölü göz hücreleri, diril! Işık, geri dön!"
Kendimi daha sonra mükemmel bir görme gücüyle Cuma tüm-gece boyu ayinini televizyonda seyrederken buldum. Altyazıları gayet iyi seçebiliyordum. Görmek istediklerime odaklanabiliyordum ve nesneler artık gözüme belirsiz görünmüyordu. Her bir nesnenin rengi netleşti. Hiçbir şey artık sarı değildi. Haleluya!
14 Şubat günü iyileştiğimi doğrulamak ve Tanrı'yı yüceltmek için tekrar kontrolden geçtim. Doktor, "Olağanüstü! Gözlerin normal," dedi. Doktor, gözlerimdeki ciddi durumu biliyordu ve normal olmalarına şaşırmıştı. Titiz bir kontrolden sonra tümörlerin yok olduğunu ve şişkinliğin sonlandığını doğruladı. Başka bir hastanede tedavi olup olmadığımı bana sordu. Onu net bir şekilde şöyle yanıtladım: "Hayır. Sadece Rev. Dr. Lee'nin duasını aldım ve Tanrı'nın gücüyle iyileştim."

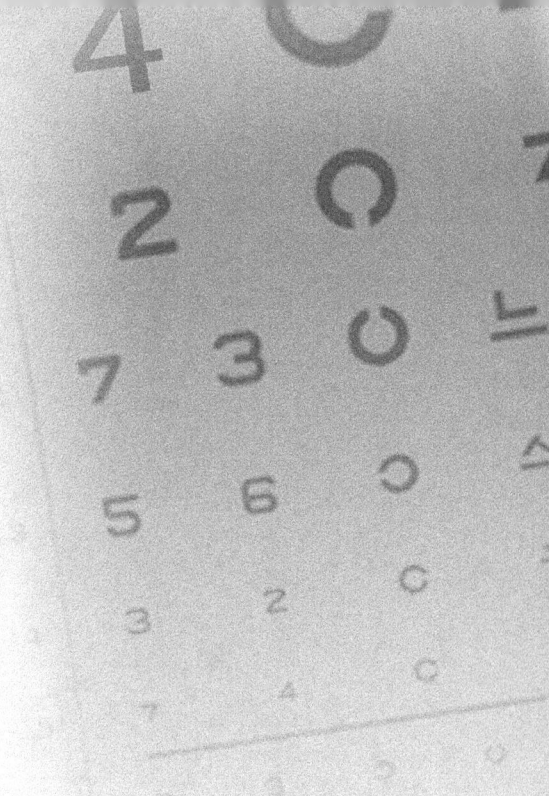

Duadan önce görme gücüm 0.8/0.25 idi, ama duadan sonra 1.0/1.0 olarak gelişti. Şimdi ise her iki gözümdeki görme gücü 1.2'dir.

- Olağanüstü Şeyler'den Alıntıdır-

Senin için ne yapmamı istiyorsun?

> İsa, "Senin için ne yapmamı istiyorsun?"
> diye sorarken,
> özgün sesle soruyordu.

Özgün sesle yanıtları almak

İsa'ya yüreklerinizin derinliklerinden güvenin

Tanrı'dan yakararak dileyin

Tereddütsüz yetkin iman

Abanı üstünden at

Tanrı imanın ikrarını duyar

" 'Senin için ne yapmamı istiyorsun?' " diye sordu. O da, 'Ya Rab, gözlerim görsün' dedi"

(Luka 18:41)

Eğer iç yüreklerinde Tanrı'ya güveniyorlarsa, kiliseye ilk kez gelenler dahi her türlü sorunlarına yanıt bulabilirler çünkü Tanrı, Matta 7:11 ayetinde, "Sizler kötü yürekli olduğunuz halde çocuklarınıza güzel armağanlar vermeyi biliyorsanız, göklerdeki Babanız'ın, kendisinden dileyenlere güzel armağanlar vereceği çok daha kesin değil mi?"yazılmış olduğu gibi, çocuklarına iyi şeyler vermeyi isteyen iyi bir Baba'dır.

Tanrı'nın, yanıtların alınma şartlarını adalete uygun şekilde düzenlemesinin sebebi, sevgili çocuklarının bolca kutsanmasını sağlamak içindir. Tanrı, "Standartları karşılamadığın için sana bir şey bahşedemem," demek için şartlar koymamıştır.

Yüreğimizin arzularına, ailevi ve mali sorunlarımıza, hastalıklarla ilgili sorunlara yanıt alacağımız yolları bize öğretir. Ve Tanrı'nın adaletinde bu yanıtları alabilmek için iman ve itaat en önemli olan iki şeydir.

Özgün sesle yanıtları almak

İsa'nın özgün sesle gürlemesiyle yanıtlanan kör adamla ilgili detayları Luka'nın 18. bölümünde okuruz. Sokakta dinlenirken İsa'nın geçmekte olduğunu duyarak, "Ey Davut Oğlu İsa, halime acı!" diye bağırdı. Önde gidenler onu azarlayarak susturmaya çalıştılar, ama adam bu kez, "Ey Davut Oğlu, halime acı!" diyerek daha da çok bağırdı.

İsa durdu ve adamın kendisine getirilmesini buyurdu. Adama, "Senin için ne yapmamı istiyorsun?" diye sordu. Adam, "Ya

Rab, gözlerim görsün!" diye yanıtladı. İsa, "Gözlerin görsün; İmanın seni kurtardı," dedi. Ve olağanüstü bir iş meydana geldi. Adam yeniden görmeye başladı. Bunu gören bütün halk Tanrı'ya övgüler sundu.

İsa, "Senin için ne yapmamı istiyorsun?" sorusunu özgün sesle yöneltmişti. Kör adam, "Ya Rab, gözlerim görsün!" dediğinde, Rab, "...imanın seni kurtardı" diyerek bir kez daha özgün sesle konuştu.

'Özgün Ses', Tanrı'nın Sözüyle yeri, göğü ve onların içindeki her şeyi yaratırken gürleyen sesidir. İsa'nın özgün sesle konuşmasıyla bu kör adam görebildi çünkü yanıtları alacak uygun şartları karşılamıştı. Bu noktadan itibaren bu kör adamın nasıl yanıt alabildiğini detaylıca inceleyelim.

İsa'ya yüreklerinizin derinliklerinden güvenin

İsa, kasabalara ve kentlere gidiyor, göksel egemenliğin müjdesini duyuruyor ve sözlerini, onlara eşlik eden belirti ve harikalarla doğruluyordu. Sakatlar iyileşiyor, deri hastalıkları olanlar şifa buluyor, görsel ve işitsel bozuklukları olanlar görmeye ve duymaya başlıyordu. Konuşamayanlar konuşuyor ve kötü ruhlar uzaklaştırılıyordu. İsa ile ilgili haberler oldukça yayılmış olduğundan, gittiği her yerde çevresini bir kalabalık sarıyordu.

İsa bir gün Eriha'ya gitti. Her zamanki gibi çevresine insanlar toplamış, O'nu izliyordu. O sırada sokakta oturmuş dilenen kör bir adam önünden geçen kalabalığı duydu ve neler olduğunu sordu. İçlerinden biri, "Nasıralı İsa geçiyor," dedi. O zaman bu kör adam hiç duraksamadan, "Ey Davut Oğlu İsa, halime acı!" diye bağırdı.

Bu şekilde bağırmasının sebebi, İsa'nın yeniden görmesini kesinlikle sağlayacağına olan inancıydı. Ayrıca İsa'ya, "Davut Oğlu İsa," diye seslenmesinden, O'na Kurtarıcı olarak inandığı gerçeği anlaşılır.

Çünkü İsrail'de ki herkes Mesih'in Davut'un soyundan geleceğini biliyordu. Bu kör adamın yanıt almasının ilk nedeni, İsa'ya Kurtarıcı olarak iman edip kabul etmesiydi. Ayrıca hiç sorgusuz sualsiz görmesini sağlayacağına inanıyordu.

Kör olmasına ve görememesine rağmen İsa'yla ilgili çok şey işitmişti. İsa adında bir kişi olduğunu ve bu kişinin, başka hiçbir kişinin çözemediği sorunları kudretli gücüyle çözdüğünü duymuştu.

Romalılar 10:17 ayetinde, "Demek ki iman, haberi duymakla olur," yazmış olduğu gibi; bu kör adam, İsa'ya ulaştığı takdirde yeniden göreceği imanına sahipti. Nispeten iyi bir yüreğe sahip olduğu için duyduklarına inanmıştı.

Benzer şekilde bizlerde iyi bir yüreğe sahip isek, müjdeyi duyduğumuz zaman ruhani imana sahip olmamız daha kolay olur. Müjde 'iyi haberdir' ve İsa ile ilgili haberlerde iyi haberlerdir. Dolayısıyla iyi kalpli olanlar iyi haberleri benimserler. Örneğin biri, "Duayla çaresi olmayan bir hastalıktan iyileştim, "dediğinde, iyi yürekli olanlar o kişi için sevinirler. Tamamen inanmasalar bile "Doğruysa gerçekten iyi bir şey," diye düşünürler.

İnsanlar ne kadar kötüyse, o kadar şüphe duyar ve inanmamaya çalışırlar. Hatta bazıları, "İnsanları kandırmak için atıyorlar," diye yargılar veya suçlarlar. Fakat eğer Tanrı'nın ortaya koyduğu Kutsal Ruh'un işlerinin bir yalan ve uydurma olduğunu söylüyorlarsa, bu, Kutsal Ruh'a küfür etmektir.

Matta 12:31-32 ayetleri şöyle der: "Bunun için size diyorum ki, insanların işlediği her günah, ettiği her küfür bağışlanacak; ama Ruh`a edilen küfür bağışlanmayacaktır. İnsanoğlu`na karşı bir söz söyleyen, bağışlanacak; ama Kutsal Ruh`a karşı bir söz söyleyen, ne bu çağda, ne de gelecek çağda bağışlanacaktır."

Eğer Kutsal Ruh'un işlerini eken bir kiliseyi suçladıysanız tövbe etmelisiniz. Ancak Tanrı ile sizin aranızdaki günah duvarı yıkıldığında yanıt alabileceksiniz.

1 Yuhanna 1:9 ayeti şöyle der: "Ama günahlarımızı itiraf edersek, güvenilir ve adil olan Tanrı günahlarımızı bağışlayıp bizi her kötülükten arındıracaktır." Tövbe edeceğiniz bir şey var ise, Tanrı'nın huzurunda gözyaşları içinde tamamıyla tövbe etmenizi ve Işıkta yürümenizi umut ediyorum.

Tanrı'dan yakararak dileyin

Kör adam İsa'nın geçmekte olduğunu duyunca O'na, "Ey Davut Oğlu İsa, halime acı!" diye bağırdı. Sesli bir şekilde İsa'yı çağırdı. Neden böyle bağırmak zorundaydı?

Yaratılış 3:17 ayeti şöyle der: "RAB Tanrı Âdem'e, 'Karının sözünü dinlediğin ve sana, Meyvesini yeme dediğim ağaçtan yediğin için Toprak senin yüzünden lanetlendi' dedi, 'Yaşam boyu emek vermeden yiyecek bulamayacaksın.'"

İyilikle kötülüğün bilgisini taşıyan ağacın meyvesinden yemeden önce Âdem, Tanrı'nın temin ettiği şeylerden istediği kadar yiyebiliyordu. Fakat Tanrı'nın Sözüne itaatsizlik edip ağaçtan yedikten sonra günah insanın üzerine geldi ve benliğin insanlarına dönüştük. O zamandan beri ancak alın teri dökerek yiyebiliyoruz.

Bu, Tanrı'nın tesis ettiği adalettir. Bu sebepledir ki ancak alın teri dökerek Tanrı'dan yanıt alabiliriz. Yani tüm yüreğimizle, canımızla dualarımızda çaba göstermeli ve yanıt almak için yakarmalıyız.

Yeremya 33:3 ayeti şöyle der: "'Bana yakar da seni yanıtlayayım; bilmediğin büyük, akıl almaz şeyleri sana bildireyim." Luka 22:44 ayeti şöyle der: "Derin bir acı içinde olan İsa daha hararetle dua etti. Teri, toprağa düşen kan damlalarını andırıyordu."

Ayrıca Yuhanna 11'de dört günden beri ölü olan Lazar'ı dirilttiğinde, İsa yüksek sesle, "Lazar, dışarı çık!" (Yuhanna 11:43) diye bağırmıştır. İsa tüm suyunu ve kanını dökmüş, çarmıhta son nefesini verirken, "Baba, ruhumu ellerine bırakıyorum!" (Luka 23:46) diye seslenmiştir.

Bu dünyaya insan bedeninde gelen günahsız İsa bile yüksek sesle yakarmıştır ki Tanrı'nın adaletine uygun olsun. Öyleyse Tanrı'nın yarattıkları bizler, insani becerilerle çözülemeyecek sorunlara yanıt almak için nasıl olurda oturarak ve yüksek sesle yakarmadan dualarımızda kolaya kaçabiliriz? Bu yüzden, kör adamın yanıt alabilmesinin ikinci nedeni, Tanrı'nın adaletine uygun şekilde yüksek sesle yakarmasıydı.

Yakup, uyluk kemiği yerinden çıkana dek dua ederek Tanrı'nın kutsamasını aldı (Yaratılış 32:24-30). Üç buçuk yıllık kuraklığı sona erdirecek yağmur yağana dek İlyas, başı dizlerinin arasında içtenlikle dua etti (1 Krallar 18:42-46). Tüm gücümüz, imanımız ve sevgimizle dua ettiğimiz takdirde Tanrı'nın yüreğine dokunarak hızla yanıt alabiliriz.

Dua da yakarmak, rahatsız edici bir sesle bağırmamız anlamına gelmez. Nasıl uygun dua edileceği ve Tanrı'nın yanıtlarının alınacağı hakkında, 'Uyanık durup Dua Edin' adlı kitaba başvurabilirsiniz.

Tereddütsüz yetkin iman

Bazı insanlar, "Tanrı, yüreğinizin en derin köşelerini bildiği için dualarınızda yakarmanıza gerek yoktur," der. Fakat bu, doğru değildir. Köre adama susması söylenmişti, ama o daha da sesini yükselterek seslendi.

Kendisine sessiz olmalarını söyleyen insanlara itaat etmedi, aksine daha tutkulu bir yürekle Tanrı'nın adaletine uygun şekilde bağırdı. O anda imanı, değişmeyecek olan yetkin bir imandı. Ve yanıt almasının üçüncü sebebi, hiçbir koşul altında değişmeyen imanını göstermesiydi.

Eğer insanlar kör adamı azarladığında gücenseydi ya da sessiz kalsaydı, gözleri açılmayacaktı. Fakat İsa'yla bir kez karşılaştığında gözlerinin açılacağına dair sağlam imanı olduğundan, insanların azarlamasına rağmen o anı kaçırmadı. Gurur yapılacak ya da zorluklara boyun eğilecek zaman değildi. İçtenlikle yakarmaya devam etti ve sonunda yanıtı aldı.

Matta 15. bölümde alçakgönüllü bir yürekle İsa'nın yanına gelip yanıtı alan Kenanlı bir kadını okuruz. İsa, Sur ve Sayda'ya geçtiğinde, kızı cine tutulan bir kadın huzuruna gelerek İsa'dan kötü ruhu kovmasını istedi. İsa ne dedi? Şöyle yanıtladı: "Çocukların ekmeğini alıp köpeklere atmak doğru değildir." Çocuklarla kastedilen İsrail halkı, köpek ise Kenanlı kadındı.

Sıradan insanlar bu tür ifadelere gücenip uzaklaşır. Fakat kadın farklıydı. Alçakgönüllü bir şekilde merhamet diledi: "Haklısın, ya Rab. Ama köpekler de efendilerinin sofrasından düşen kırıntıları yer" Kadının sözlerinden etkilenen İsa şöyle yanıtladı: "Ey kadın, imanın büyük! Dilediğin gibi olsun" Kadının kızı anında iyileşti. Tüm gururunu söküp attığı ve kendini tamamen alçakgönüllü kıldığı için yanıt aldı.

Fakat pek çok insan, büyük sorunların çözümü için Tanrı'nın huzuruna gelmelerine rağmen sırf duyguları küçük şeylerden incindi diye gerisin geriye döner ve Tanrı'ya güvenmezler. Fakat eğer zor bir sorunu çözmek için gerçekten imanları varsa, alçakgönüllü bir yürekle Tanrı'nın lütfunu istemeye devam ederler.

Abanı üstünden at

Eriha'ya giden İsa, kör bir adamın gözlerini açmıştı. Markos 10:46-52 ayetlerinden itibaren İsa'nın bir başka kör adamın gözlerini açtığını okuruz. Bu kör adam Bartimay'dı.

İsa'nın geçtiğini duyunca o da İsa'ya yüksek sesle seslenmişti. İsa, kör adamı yanına getirmelerini istedi. Adamın ne yaptığına dikkat edelim. Markos 10:50 ayeti şöyle der: "Adam abasını üstünden atarak ayağa fırladı ve İsa'nın yanına geldi." Yanıt almasının nedeni işte buydu: abasını üstünden atmak ve İsa'nın yanına gelmek.

Öyleyse yanıtlanmanın şartlarından biri olan abayı atmanın mecazi anlamı nedir? Dilencinin abası muhtemelen kirliydi ve kokuyordu. Fakat abası, dilencinin vücudunu korumak için sahip olduğu tek şeydi. Fakat Bartimay'ın, İsa'nın huzuruna kirli ve kokan bir abayla çıkmayacak kadar iyi bir yüreği vardı.

Tanışmak üzere olduğu İsa, kutsal ve temiz bir kişiydi. Kör adam, İsa'nın insanlara lütfeden, onları iyileştiren, yoksullara ve hastalara umut veren iyi bir kişi olduğunu biliyordu. Dolayısıyla, İsa'nın huzuruna kirli ve kokan bir abayla çıkamayacağını söyleyen iç sesine kulak verdi. Sese itaat etti ve abasını üstünden attı.

Bu, Bartimay'ın Kutsal Ruh'u almasından evveldi. Dolayısıyla iyi vicdanının sesine kulak vererek itaat etti. Kısaca, sahip olduğu en değerli şeyi, abasını derhal attı. Abanın bir diğer anlamı, kirli ve kötü kokan yüreklerimizdir. Gurur, kibir ve tüm diğer kirli şeylere sahip gerçekten uzak yürektir.

Bununla, kutsal olan Tanrı'nın huzuruna çıkmak için, dilencinin kirli abası misali tüm kirli ve kötü kokan günahları söküp atmamıza işaret edilir. Eğer gerçekten yanıt almayı istiyorsanız, Kutsal Ruh size geçmiş günahlarınızı hatırlatırken O'nun sesine kulak vermelisiniz. Ve onların her birinden tövbe etmelisiniz. Kör adam Bartimay'ın yaptığı şekilde, Kutsal Ruh'un sesinin size ne söylediğine tereddütsüz itaat etmelisiniz.

Tanrı imanın ikrarını duyar

İsa, imanın tam bir güvencesiyle dileyen bu kör adamı sonunda yanıtladı. Adama şöyle sordu: "Senin için ne yapmamı istiyorsun?" Bu kör adamın ne istediğini İsa bilmiyor muydu? Tabii ki biliyordu, ama yine de sormasının sebebi, iman ikrarında bulunulmasının gerekliliğidir. Gerçek bir yanıt almak için dudaklarımızla iman ikrarında bulunmak zorunda oluşumuz, Tanrı'nın adaletidir.

İsa kör adama şöyle sordu: "Senin için ne yapmamı istiyorsun?" Çünkü adam yanıtlanabilmenin şartlarını karşılamalıydı. "Rabbuni, gözlerim görsün" dediğinde dileği bahşedildi. Benzer şekilde, ancak Tanrı'nın adaletine göre şartları karşılarsak dilediğimiz şeylerin yanıtlarını alabiliriz.

Aladdin'in sihirli lambası hikâyesini biliyor musunuz? Hikâyeye göre lamba üç kez ovulduğunda ortaya bir cin çıkar ve kendisinden üç dilekte bulunulmasını ister. Her ne kadar bu insanların yazdığı bir hikâye olsa da yanıtlar için bizlerin çok daha müthiş ve güçlü bir anahtarı var. Yuhanna 15:7 ayetinde İsa şöyle der: "Eğer bende kalırsanız ve sözlerim sizde kalırsa, ne isterseniz dileyin, size verilecektir."

Her-şeye-muktedir Tanrı'nın gücüne inanıyor musunuz? O zaman salt Rab'de yaşayabilir ve Sözün sizde yaşamasına izin verebilirsiniz. İman ve itaatle Rab'le bir olmanızı umut ediyorum ki arzularınızı cesurca dile getirin ve özgün sesin gürlemesi gibi onları alın.

Bayan Akiyo Hirouchi (Maizuru, Japonya)

Torunumun atriyal septal defekti iyileşti!

2005 yılının başlangıcında, ailemizde ikiz kız bebekleri dünyaya geldi. Fakat 3 ay kadar sonra ikizlerin biri nefes almakta güçlük çekmeye başladı. Kalbinde 4.5 mm'lik bir delikle atriyal septal defekt teşhisi konuldu. Ne başını dik tutabiliyor ne de süt emebiliyordu. Süt, bir tüp vasıtasıyla burnundan verilmek zorundaydı.

Durumu kritikti ve Kyoto Üniversite hastanesinden bir çocuk doktoru Maizuru hastanesine geldi. Bebeğin bedeni, bayağı uzakta olan üniversite hastanesine transfer edilemeyecek kadar zayıf düşmüştü. Bu sebeple, tedaviyi yerel hastanede görmek zorundaydı. Osaka & Maizuru Manmin kilisesi pederi Keontae Kim, Rev. Jaerock Lee'nin üzerine dua ettiği mendille bebek için dua etti. Ayrıca bebeğin bir fotoğrafını da göndererek Seul merkez kilisesine dua isteğinde bulundu.

Internet üzerinden ayinlere katılabilecek durumda değildim. Bu

yüzden Manmin Merkez Kilisesi'nin 10 Haziran 2005 tarihli Cuma gecesi ayinini kayda aldık ve tüm aile olarak Rev. Lee'nin duasını birlikte dinledik.

"Tanrım, uzaklıkları ve zamanı aşarak iyileştir onu. Ellerin Japonya'da ki Hirouchi Akiyo'nun torunu Miki Yuna'nın üzerinde olsun. Atriyal septal defekt, uzaklaş! Kutsal Ruh'un ateşiyle yan ve sağlıklı ol!"

Bir sonraki gün olan 11 Haziran günü mucizevi bir olay gerçekleşti. Bebek kendi başına nefes alamıyordu, ama daha iyice oldu ve solunum cihazını çektiler.

"Bebeğin bu kadar hızlı şifa bulması bir mucize!" Doktor şaşkınlık içindeydi.

O günden sonra bebek gayet iyi büyüdü. Kilosu 2.4 kilogramdı ama duadan sonra 2 ay içinde kilosu 5'e çıktı. Ağlarken sesi şimdi daha da gür çıkıyordu. İlk elden bu mucizeyi görerek Manmin Merkez

Kilisesi'ne 2005 yılının Ağustos ayında kaydımı yaptırdım. Tanrı'nın bir mucizeyle O'na inanacağımı bilerek, bana ilahi şifa bahşetmiş olduğunu kavradım.

Bu lütuf vesilesiyle Maizuru'da Manmin kilisesi açmak için kendimi adayarak çalıştım. Açılışından üç yıl sonra kilise üyeleri ve ben, güzel bir ibadethane binasını alarak Tanrı'ya sunduk.

Bu gün, Tanrı'nın egemenliği için pek çok gönüllü işte yer alıyorum. Sadece torunuma şifa lütfedildiği için değil, ama ayrıca kendimde gerçek yaşam yolunda yürüme lütfunu aldığım için şükranla doluyum.

- Olağanüstü Şeyler'den Alıntıdır -

"İnandığın gibi olsun"

> İsa'nın ağzından çıkan özgün ses,
> tüm yeryüzünü dolaşır,
> dünyanın sonuna ulaşır,
> ve orada,
> zamanı ve mekânı aşarak
> gücünü ortaya koyar.

Tüm yaratılmışlar özgün sese itaat eder

İnsanlar özgün sesi duyamaz oldu

Yanıt alamamalarının nedeni

İyi kalpli yüzbaşı

Zamanı ve mekânı aşan mucizeye tanık olan yüzbaşı

Zamanı ve mekânı aşan güçlü işler

*"Sonra İsa yüzbaşıya, 'Git, inandığın gibi olsun' dedi.
Ve uşak o anda iyileşti."*

(Matta 8:13)

Hiçbir çıkış yolunun olmadığı keder ve zorluk içindeki pek çok insan, Tanrı'nın kendilerinden çok uzak olduğunu ya da yüzünü kendilerinden çevirdiğini hisseder. Hatta bazıları kuşku içinde, "Tanrı burada olduğumdan haberdar mı?" ya da "Dualarımı dinliyor mu?" diye düşünürler. Bunun nedeni, her-şeye-muktedir ve her-şeyi-bilen Tanrı'ya olan yetersiz imanlarıdır.

Davut, hayatında pek çok zorluktan geçmiş, ama buna rağmen şu ikrarda bulunmuştu: "Göklere çıksam, oradasın, Ölüler diyarına yatak sersem, yine oradasın. Seherin kanatlarını alıp uçsam, denizin ötesine konsam, orada bile elin yol gösterir bana, sağ elin tutar beni" (Mezmurlar 139:8-10).

Tanrı, zamanın ve mekânın ötesinde tüm evreni ve onların içindeki her şeyi yönettiğinden, insanların hissettiği fiziksel uzaklıkların Tanrı için zerre kadar önemi yoktur.

Yeşaya 57:19 ayeti şöyle der: "'Dudaklardan övgü sözleri döktüreceğim. Uzaktakine de yakındakine de Tam esenlik olsun" diyor RAB, "Hepsini iyileştireceğim'" Burada geçen 'dudaktan övgü dolu sözler' ile kastedilen; Çölde sayım 23:19 ayetinde yazılmış olduğu gibi, Tanrı'nın sözünün gerçekleşeceğidir.

Yeşaya 55:11 ayeti ayrıca şöyle der: "Ağzımdan çıkan söz de öyle olacaktır. Bana boş dönmeyecek, İstemimi yerine getirecek, Yapması için onu gönderdiğim işi başaracaktır."

Tüm yaratılmışlar özgün sese itaat eder

Yaratıcı Tanrı, gökleri ve yeryüzünü özgün sesiyle yarattı. Dolayısıyla canlı olmayan organizmalar dâhil tüm yaratılmışlar özgün sese itaat eder. Örneğin günümüzde sadece belli bir sese tepki veren ses-tanıma cihazlarına sahibiz. Benzer şekilde, evrendeki şeylerin içinde özgün ses mevcuttur. Dolayısıyla özgün ses gürlediği zaman hepsi itaat eder.

Tanrısal özyapıya sahip olan İsa'da özgün sesle gürlemişti. Markos 4:39 ayeti şöyle der: "İsa kalkıp rüzgarı azarladı, göle, "Sus, sakin ol!" dedi. Rüzgâr dindi, ortalık sütliman oldu." Hatta kulağı ve canı olmayan denizle rüzgâr bile özgün sese itaat eder. Peki, kulak ve akıl sahibi olan biz insanlar ne yapmalıyız? Kuşkusuz ki bizlerde itaat etmeliyiz. O zaman insanların itaat etmemesinin nedeni ne?

Ses-tanıma cihazı örneğine geri dönelim ve bu cihazlardan yüz adet olduğunu varsayalım. Cihazların sahibi onları, 'Evet' sesini duydukları zaman çalışmak üzere ayarlasın. Fakat biri, 40 cihazın ayarını değiştirsin, onları 'Hayır' sesini duydukları zaman çalışmak üzere kursun. Böylece bu 40 cihaz sahiplerinin 'Evet' sesini duydukları zaman asla çalışmazlar. Bunu çok benzer bir şekilde; Âdem'in günah işlemesinden bu yana insanlar özgün sesi duyamamaktadır.

İnsanlar özgün sesi duyamaz oldu

Âdem aslında yaşayan bir ruh olarak yaratılmış, gerçek olan Tanrı Sözünü dinlemiş ve itaat etmişti. Baba Tanrı, Âdem'e sadece gerçeğin sözleri olan ruhani bilgiyi öğretmişti. Fakat Âdem'e özgür irade bahşettiğinden, gerçeğe itaat edip etmeme kararı Âdem'e kalmıştı. Tanrı, her daim koşulsuzca itaat eden robot gibi çocuklar istemedi.

Gönülden sözlerine itaat eden ve gerçek yüreklerle kendisini seven çocuklar istedi. Fakat bayağı bir zaman geçtikten sonra

Âdem'in aklı Şeytan tarafından çelindi ve Tanrı'nın Sözüne itaatsizlik etti.

Romalılar 6:16 ayeti şöyle der: "Söz dinleyen köleler gibi kendinizi kime teslim ederseniz, sözünü dinlediğiniz kişinin köleleri olduğunuzu bilmez misiniz? Ya ölüme götüren günahın ya da doğruluğa götüren sözdinlerliğin kölelerisiniz." Denilmiş olduğu gibi, Âdem'in soyundan gelenler, Âdem'in itaatsizliği yüzünden günahın ve düşman iblisle Şeytan'ın köleleri oldular.

Artık Şeytan'ın tahrikiyle düşünmeye, konuşmaya ve hareket etmeye tabi oldular ve günah üzerine günah ekleyerek sonunda ölüm yoluna girdiler. Fakat Tanrı'nın takdiri ilahisiyle İsa yeryüzüne geldi. Tüm günahkârları kurtaran bir kurban olarak öldü ve dirildi.

Bu nedenle Romalılar 8:2 ayeti şöyle der: "Çünkü yaşam veren Ruh'un yasası, Mesih İsa sayesinde beni günahın ve ölümün yasasından özgür kıldı." Denilmiş olduğu gibi, her kim yürekten İsa Mesih'e inanır ve Işıkta yürürse artık günahın kölesi değildir.

Diğer bir deyişle bu, İsa Mesih'e imanlarıyla Tanrı'nın özgün sesini duyabilecekleri anlamına gelir. Bu sebeple onu duyan ve itaat edenler, diledikleri her şeyin yanıtını alırlar.

Yanıt alamamalarının nedeni

Şimdi bazı insanlar şöyle sorabilir: "İsa Mesih'e iman ediyorum ve günahlarımdan bağışlandım. Ama neden şifa bulmuyorum?" O zaman onlara şu soruyu sorarım: Kutsal Kitap'ta Tanrı sözüne ne ölçüde itaat ettiniz?

Tanrı'ya iman ettiğinizi söylerken dünyayı sevmediniz mi,

insanları aldatmadınız mı ya da dinden uzak yaşayan insanlar gibi kötü şeyler yapmadınız mı? Tüm Pazar günlerini kutsal sayarak tutup tutmadığınızı, uygun ondalıklarınızı verip vermediğinizi ve bizlere yapmamızı, yapmamamızı, tutmamızı veya söküp atmamızı söyleyen Tanrı'nın tüm buyruklarına itaat edip etmediğinizi gözden geçirmenizi istiyorum.

Eğer yukarıdaki sorulara kendinizden emin olarak evet diyebiliyorsanız dilediğiniz her şeyin yanıtını alırsınız. Yanıt gecikse bile yüreğinizin derinliklerinden şükretmeli ve hiç sapmadan Tanrı'ya güvenmelisiniz. Eğer bu şekilde imanınızı gösterirseniz, Tanrı size yanıtı bahşetmekten çekinmez. Özgün sesle gürleyecek ve şöyle diyecektir: "İnandığın gibi olsun." Ve o şey fiilen imanınıza göre olacaktır.

İyi kalpli yüzbaşı

Matta 8. bölümde, imanıyla yanıtı alan yüzbaşıyı okuruz. İsa'nın yanına geldiğinde, İsa'nın özgün sesle konuşması sayesinde uşağı iyileşir.

O zamanlar İsrail, Roma İmparatorluğu'nun hâkimiyeti altındaydı. Roman ordusunda binlik, yüzlük ve onluk bölük komutanları vardı. Rütbeleri komuta ettikleri bölüklerdeki asker sayısına göre veriliyordu. Bunlardan biri İsrail'in Kefarnahum bölgesinde yaşayan ve yüz kişilik bölüğü idare eden bir yüzbaşıydı. İsa'nın sevgi, iyilik ve merhamet üzerine olan öğretilerini duymuştu.

İsa, Matta 5:38-39 ayetlerinde şunları öğretmiştir: "'Göze göz, dişe diş' dendiğini duydunuz. Ama ben size diyorum ki, kötüye karşı direnmeyin. Sağ yanağınıza bir tokat atana öbür yanağınızı da çevirin'"

Ayrıca Matta 5:43-44 ayetlerinde şöyle demiştir: "`Komşunu seveceksin, düşmanından nefret edeceksin` dendiğini duydunuz. Ama ben size diyorum ki, düşmanlarınızı sevin, size zulmedenler için dua edin.`" Yüreklerinde iyilik olanlar, iyiliğin bu tür sözlerini duyduklarında duygulanırlar.

Fakat Yüzbaşı, İsa'nın sadece iyilik üzerine öğrettiklerini değil, ama ayrıca insani becerilerle gerçekleşmeyecek belirti ve harikalar ortaya koyduğunu da duymuştu. Lanetli sayılan deri hastalarının şifa buldukları, körlerin görmeye ve dilsizlerin konuşmaya başladıklarıyla ilgili haberler vardı. Dahası sakatlar ve felçliler yürüyor ve hatta sıçrıyorlardı. Ve Yüzbaşı, bu sözlere olduğu gibi inandı.

Fakat İsa'yla ilgili haberlere her insanın tepkisi aynı olmuyordu. Bunlardan ilki Tanrı'nın işlerini gördüklerinde anlamıyorlardı. İman edip inanmak yerine kendi ben-merkezli iman çerçeveleriyle yargılıyor ve suçluyorlardı.

Kazanılmış haklara sahip Ferisiler ve din bilginleri bu tipti. Matta 12:24 ayetinde İsa'yla ilgili şöyle konuştuklarını okuruz: "Bu adam cinleri, ancak cinlerin önderi Baalzevul`un gücüyle kovuyor." Ruhani cehaletle kötü sözler sarf etmişlerdir.

İkinci tipte ki insanlar ise İsa'nın gelmiş geçmiş en büyük peygamberlerden biri olduğuna inandı ve O'nun ardınca gittiler. Örneğin İsa genç bir adamı ölümden dirilttiği zaman şöyle dediler: "Herkesi bir korku almıştı. 'Aramızda büyük bir peygamber ortaya çıktı!' ve 'Tanrı, halkının yardımına geldi!' diyerek Tanrı`yı yüceltmeye başladılar." (Luka 7:16)

Üçüncüler ise, İsa'nın Tanrı Oğlu olduğunu, yeryüzüne insanların Kurtarıcısı olarak geldiğini yürekten anladılar ve O'na iman ettiler. Doğuştan kör olan bir adamın gözleri İsa'yla tanışır tanışmaz açılmıştı. Şöyle dedi: "Dünya var olalı, bir kimsenin doğuştan kör olan birinin gözlerini açtığı duyulmamıştır Bu adam Tanrı`dan olmasaydı, hiçbir şey yapamazdı" (Yuhanna 9:32-33).

İsa'nın Kurtarıcı olarak geldiğini anlamıştı. "Ya Rab, inanıyorum," diyerek ikrarıyla İsa'ya iman etmişti. Benzer şekilde iyi şeyleri hemen tanıyan iyi yürekli insanlar, İsa'nın yaptıklarını görerek O'nun Tanrı Oğlu olduğunu anlamışlardı.

Yuhanna 14:11 ayetinde İsa şöyle der: "Bana iman edin; ben Baba`dayım, Baba da bendedir. Hiç değilse bu işlerden dolayı iman edin." Eğer İsa'nın zamanında yaşamış olsaydınız, sizce hangi tip insan grubunda olurdunuz?

Yüzbaşı, üçüncü tip gruba ait olanlardan biriydi. İsa'ya ilgili duyduğu haberlere olduğu gibi inanmış ve O'nun huzuruna gitmişti.

Zamanı ve mekânı aşan mucizeye tanık olan yüzbaşı

İsa'nın, "İnandığın gibi olsun" demesinden hemen sonra Yüzbaşının yanıt almasının sebebi neydi?

Yüzbaşının İsa'ya yürekten inandığını görebiliriz. İsa'nın kendisine söylediği her şeye itaat edebilirdi. Fakat bu yüzbaşıyla ilgili en önemli olan şey, başkasına olan gerçek bir sevgiyle İsa'nın huzuruna gelmiş olmasaydı.

Matta 8:6 ayeti şöyle der: "Ya Rab, uşağım felç oldu, evde

yatıyor; korkunç acı çekiyor." Bu yüzbaşı İsa'nın huzuruna çıkıp anne-babası, akrabaları ya da hatta çocukları için değil, ama uşağı için ricada bulundu. Uşağının acısını kendi acısı gibi yüklendi. Onun bu yüreği karşısında İsa nasıl olsun da etkilenmesin.

Felç, en yetkin tıbbi yöntemlerle dahi kolayca iyileştirilemeyecek ciddi bir durumdur. Kişi özgürce ellerini ve ayaklarını hareket ettiremediğinden başkalarından yardım alır. Ayrıca bazı vakalarda kişi yıkanmak, yemek yemek veya giysilerini değiştirmek için yardım almak zorundadır.

Eski bir Kore deyişinin, "Uzun hastalıkların sadık oğulları olmaz" dediği gibi, hastalık uzun bir süre devam ederse sevgi ve şefkatle, hiç değişmeden hastayla ilgilenecek birini bulmak çok zorlaşır. Aile fertlerini kendileri kadar seven insan pek bulunmaz.

Fakat bazen tüm aile içtenlikle onlar için sevgiyle dua ederse, yaşamın kıyısını geçenlerin iyileştiklerini ya da çok zor bir soruna yanıt aldıklarını görebiliriz. Onların duaları ve sevgi eylemleri, Baba Tanrı'nın yüreğini öylesine etkiler ki, adaletinin ötesindeki sevgiyi onlara gösterir.

Yüzbaşının, felçli uşağını iyileştireceğine dair İsa'ya tam bir güveni vardı. İsa'dan istedi ve yanıtını aldı.

Yüzbaşının yanıt almasının ikinci nedeni, yetkin iman ve İsa'ya tam itaatte isteklilik göstermesiydi.

İsa, yüzbaşının uşağını kendisi kadar sevdiğini gördü ve ona şöyle dedi: "Gelip onu iyileştireceğim." Matta 8:8 ayetinde yüzbaşı İsa'yı şöyle yanıtladı: "Ya Rab, evime girmene layık değilim. Yeter ki bir söz söyle, uşağım iyileşir'"

Pek çok insan, İsa'nın evlerine gelmesine çok mutlu olurdu. Fakat yüzbaşı yukarıdaki şekilde cesaretle ikrar etti çünkü gerçek bir imana sahipti.

İsa'nın her söylediğine itaat edecek bir duruşu vardı. Bunu Matta 8:9 ayetindeki sözlerinden görebiliriz: "'Ben de buyruk altında bir adamım, benim de buyruğumda askerlerim var. Birine, `Git` derim, gider; ötekine, `Gel` derim, gelir; köleme, `Şunu yap` derim, yapar.'" Bunu duyan İsa hayretler içinde kalmış ve oradakilere şöyle demişti: "Size doğrusunu söyleyeyim. Ben İsrail`de böyle imanı olan birini görmedim."

Aynı şekilde Tanrı'nın sizden istediklerini yapar, istemediklerini yapmaz, tutmanızı söylediklerini tutar ve atmanızı söylediklerini söküp atarsanız cesaretiniz olur ve Tanrı'nın huzurunda dilediğinizi istersiniz. Çünkü 1 Yuhanna 3:21-22 ayetlerinde şöyle der: "Sevgili kardeşlerim, yüreğimiz bizi suçlamazsa, Tanrı`nın önünde cesaretimiz olur, O`ndan ne dilersek alırız. Çünkü O`nun buyruklarını yerine getiriyor, O`nu hoşnut eden şeyleri yapıyoruz"

Yüzbaşının, tek bir Sözü ile şifa verebilecek İsa'nın gücüne yetkin bir imanı vardı. Roma İmparatorluğu'nun bir yüzbaşısı olmasına rağmen kendini alçakgönüllü kıldı ve İsa'ya tam itaate isteklilik gösterdi. Bu sebeple dilediği yanıtı aldı.

Matta 8:13 ayetinde İsa yüzbaşıya şöyle der: "Git, inandığın gibi olsun." Ve o an uşağı iyileşti. İsa özgün sesle gürlediğinde, tıpkı yüzbaşının inandığı gibi, yanıtlar uzam ve zamanı aşarak bahşedildi.

Zamanı ve mekânı aşan güçlü işler

Mezmurlar 19:4 ayeti şöyle der: "Ama sesleri yeryüzünü dolaşır, Sözleri dünyanın dört bucağına ulaşır." Denildiği gibi, İsa'nın ağzından çıkan özgün ses dünyanın dört bucağına ulaşabildi ve fiziksel uzaklığa bakılmaksınız mekân ötesinden Tanrı'nın gücü ifşa edildi.

Ayrıca bir kez özgün ses gürüldediğinde zamanı aşar. Bu sebeple zaman geçse dahi yanıtı alacak kabımız hazır olduğunda söz yerini bulur.

Tanrı'nın gücünün pek çok işi, bu kilisede zaman ve mekânın ötesinde yerini bulmaktadır. 1999 yılında, Cynthia adındaki kız kardeşinin fotoğrafıyla Pakistanlı bir kız bana geldi. O sırada Cynthia çölyak hastalığı yanı sıra kalın bağırsaklarındaki daralma yüzünden ölmek üzereydi.

Doktoru, ameliyat olsa dahi yaşama şansının az olduğunu söylemişti. Vaziyet bu iken, Cynthia'nın ablası duamı almak için kız kardeşinin fotoğrafıyla bana geldi. Cynthia için dua eder etmez hızla iyileşti.

Ekim 2003 yılında, kilisemizin bir asistan pederinin karısı, erkek kardeşinin fotoğrafıyla bana geldi. Erkek kardeşinin kan trombosit sayısında azalma vardı. İdrarında, dışkısında gözlerinde, burnunda ve ağzında kan vardı. Kanı ayrıca akciğer ve bağırsaklarına da karışmıştı. Ölümü bekliyordu. Fakat ellerim fotoğrafının üzerinde dua ettiğim zaman kan trombosit sayısı hızla yükseldi ve hızla iyileşti.

Mekânın ve zamanın ötesindeki bu tip işler, 2003 Kasım ayında St. Petersburg'da düzenlediğimiz seferde ziyadesiyle yer buldu. Seferimiz; Rusya, Avrupa, Asya, Kuzey Amerika ve Latin Amerika'da 150'den fazla ülkede 12 uyduyla yayınlandı. Yayın Hindistan, Filipinler, Avustralya, Amerika Birleşik Devletleri, Honduras ve Peru'yu da kapsadı. Ayrıca Rusya'nın 4 şehriyle Ukrayna'nın Kiev şehrinde simultane ekran toplantıları düzenlendi.

İster insanlar ekran toplantılarına katılmış olsunlar isterler ise evde televizyonlarında izlemiş olsunlar, vaazları ve duaları imanla dinleyenler aynı anda şifa buldular ve e-postalarla tanıklıklarını bize gönderdiler. Özgün ses gürlediğinde aynı fiziki ortamda bulunmamalarına rağmen ses onlara da yaradı çünkü hep birlikte aynı ruhani ortamdaydılar.

Eğer gerçek bir imana sahipseniz ve Tanrı'nın Sözüne itaatte gönüllüyseniz, yüzbaşı gibi sevginin gerçek eylemlerini gösterin, uzamların ve zamanın ötesinde işler gören Tanrı'nın gücüne inanın. Böylece kutsanmış bir yaşam yaşayabilir ve dilediğiniz her şeyin yanıtını alabilirsiniz.

1993 yılından 2004 yılına kadar 12 sene boyunca düzenlenen İki Haftalık Sürekli ve Özel Diriliş Toplantılarında, insanlar çeşitli hastalıklarına şifa, çeşitli sorunlarına da yanıt buldu. Diğerleri kurtuluş yoluna yönlendirildi. Fakat Tanrı, 2004 yılından sonra bu diriliş toplantılarını bize sonlandırttı. Bu, ileriye yönelik daha büyük bir adım içindi.

Tanrı, yeni ruhsal çalışmalara başlamamı sağladı ve ruhani dünyanın farklı boyutunu açıklamaya başladı. İlk başta ne anlama geldiğini bilmiyordum. Tamamen yeni terimler de vardı. Fakat itaatle bir gün anlayabileceğimin inancıyla öğrenmeye başladım.

30 sene kadar önce peder olduğumda çok dua ederek ve oruç tutarak Tanrı'nın gücünü aldım. Tanrı'ya 10, 21, 40 günlük dua ve oruçlar sunarken aşırı sıcaklarla ve soğuklarla mücadele etmek zorunda kaldım.

Fakat Tanrı'nın bana bahşettiği ruhani çalışmalar, bu çabalarımla kıyaslanmayacak ölçüde çok daha fazla acı verici bir eğitimdi. Daha önce hiç duymadığım şeyleri anlamak ve anlayana dek Yabbuk Irmağı'nda dua eden Yakup gibi dua etmek zorundaydım.

Ayrıca bedenin çeşitli fiziksel hallerine muzdarip olmak zorundaydım. Tıpkı uzaydaki yaşama adapte olmak için çok iyi eğitimden geçene astronotlar gibi, Tanrı'nın benden istediği seviyeye ulaşana dek bedenimde değişik şeyler oldu.

Fakat her anın üstesinden Tanrı'ya olan sevgim ve imanımla geldim ve Baba Tanrı'nın ilk hali, sevginin ve adaletin yasası ve diğer pek çokları hakkında yeterince ruhani bilgi edindim.

Ayrıca Tanrı'nın ulaşmamı istediği seviyeye yaklaştıkça güçlü işler daha güçlü meydana geldi. Kilise üyelerinin kutsanma hızı daha büyük bir ivme kazandığı gibi, meydana gelen ilahi şifalarda hız kazandı. Gün be gün tanıklıklar çoğalmaktadır.

Tanrı, insanın tasavvur edemeyeceği kadar yüksek ve büyük bir şekilde zamanın sonunda takdiri ilahisini yerine getirmek ister. Bu sebeple bu gücü bahşetti ki, Tanrı'nın görkemini duyuran kurtuluşun gemisi olacak Büyük Tapınak inşa edilsin ve müjde İsrail'e geri dönsün.

Müjde'yi İsrail'de duyurmak bayağı zordur. Orada hiçbir Hristiyan toplantısına izin vermezler. Ancak dünyayı bile yerinden sarsacak Tanrı'nın muazzam gücüyle bu yapılabilir ve müjdeyi İsrail'de duyurmak kilisemize verilmiş bir görevdir.

Tanrı'nın son zaman planlarının sonlanmasının çok yakın olduğunu anlamanızı, kendinizi Rab'bin gelinleri olarak süslemenizi ve canınız gönenç içinde her şeyin sizin için iyi gitmesini umut ediyorum.

Kutsal Kitap'tan
Örnekler - 3

Göğün Dördüncü Katına Sahip Tanrı Gücü

Göğün dördüncü katı tamamıyla Tanrı'nın ilk halinin bulunduğu uzamdır. Üçlü Birlik'in yeridir ve orada her şey mümkündür. Orada her şey yoktan var edilir. Tanrı'nın yüreğinde arzuladığı şey olur. Hatta katı nesneler bile sıvıya ve gaza dönüşebilir. Bu özelliklere sahip uzama, 'dördüncü boyutun uzamı' denir.

Dördüncü boyutun bu ruhani uzamıyla yapılabilecekler yaratılışın işleri, yaşamın ve ölümün kontrolü, şifanın işleri ve zamanla uzamı aşan diğer işlerdir. Göğün dördüncü katına sahip Tanrı gücü, dün olduğu gibi bu günde ortaya konmaktadır.

1. Yaratılışın İşleri

Yaratılışın işi, daha önce hiç var olmayan bir şeyi var etmektir. Tanrı'nın başlangıçta yeri ve göğü, onların içindeki her şeyi sadece Sözü ile yaratması yaratılışın bir işiydi. Tanrı, yaratılışın işlerini gösterebilir çünkü göğün dördüncü katındadır.

İsa tarafından ortaya konan yaratılışın işleri

Yuhanna'nın ikinci bölümünde yer alan suyun şaraba dönüştürülmesi yaratılışın bir işidir. İsa bir düğüne davet edilmişti ve şarap bitmişti. Bu duruma üzülen Meryem, İsa'dan yardım istedi. İsa önce geri çevirdi, ama Meryem hala inanç içindeydi. İsa'nın şölen başkanına yardım edeceğine inanıyordu.

İsa, Meryem'in yetkin imanını gördü ve hizmet edenlere küpleri suyla doldurup şölen başkanına götürmelerini söyledi. Suyun şaraba dönüşmesi için ne dua etti ne de buyurdu. Sadece yüreğinde arzuladı ve altı küp içindeki su anında yüksek kalitede şaraba dönüştü.

İlyas'ın aracılığıyla gerçekleşen yaratılışın işleri

1 Krallar 17. bölümdeki Sarefatlı dul kadın çok zor durumdaydı. Uzun süren kuraklık yüzünden yiyeceği bitmişti ve sahip olduğu tek şey bir avuç un ile az kalmış zeytinyağıydı. Fakat İlyas, kadından kendisine ekmek yapıp getirmesini istedi ve şöyle dedi: "İsrail'in Tanrısı RAB diyor ki, 'Toprağa yağmur düşünceye dek küpten un, çömlekten yağ eksilmeyecek'" (1 Krallar 17:14). Dul kadın hiçbir özür öne sürmeden İlyas'a itaat etti. Bunun sonucunda kendisi ve İlyas günler boyunca yiyip içtiler. Küpten un, çömlekten yağ hiç eksilmedi (1 Krallar 17:15-16). Burada küpten unun, çömlekten ise yağın eksilmemesi, yaratılışın işlerinin ortaya konduğuna işaret eder.

Musa'nın aracılığıyla gerçekleşen yaratılışın işleri

Mısır'dan Çıkış 15:22-23 ayetlerinde, İsrailoğulları'nın Kızıldeniz'in ötesine geçip çöle girdiklerini okuruz. Üç gün geçmesine rağmen su bulamazlar. Mara adı verilen bir yerde su bulurlar, ama tadı acı olduğu için içemediklerinden yüksek sesle yakınmaya başlarlar. Musa Tanrı'ya dua eder ve Tanrı ona bir ağaç parçası gösterir. Musa ona suyu atınca sular tatlı ve içilebilir olur. Bu, ağaç parçasının suyun acılığını alacak unsurlar barındırdığından değil, Musa'nın imanı ve itaati aracılığıyla Tanrı yaratılışın işlerini gösterdiği için olmuştur.

Muan Tatlı Su Mevki

Muan Manmin Kilisesi yaratılışın işlerini deneyimler

Tanrı bu gün hala yaratılışın işlerini bize göstermektedir. Muan tatlı suyu bunlardan biridir. 4 Mart 2000 tarihinde, Muan Manmin Kilisesindeki tuzlu suyun tatlı suya dönüşmesi için Seul'da dua ettim ve kilisenin üyeleri bir sonraki gün olan 4 Mart tarihinde duamın yanıtlandığını doğruladılar.

Muan Manmin Kilisesi denizle çevrilidir ve kuyudan sadece deniz suyu çekebiliyorlardı. İçme suyunu ancak 3 kilometre uzaklıktan boruyla alıyorlardı. Bu, onlar için çok zor oluyordu.

Muan Manmin Kilisesi üyeleri, Mısır'dan Çıkış kitabında yer alan Mara olayını hatırladılar ve benden imanla tuzlu suyun tatlıya dönüşmesi için dua etmemi istediler. Şubat 21 tarihinde başlamak üzere 10-günlük dağdaki dualarım esnasında Muan Manmin Kilisesi için dua ettim. Muan Manmin Kilisesi üyeleri de aynı zamanda oruç tutup dua ettiler.

Dağdaki dualarım boyunca sadece duaya ve Tanrı'nın Sözüne odaklandım. Benim çabam ve Muan Manmin Kilisesi üyelerinin imanı, Tanrı'nın adaletinin şartlarını karşıladı ve yaratılışın olağanüstü bir işi meydana geldi.

Bir kişi, Tanrı'nın tahtından inerek kuyudaki borunun bitimine gelen ışığı ruhani gözleriyle görebilir. Işık huzmesinin içinden geçen tuzlu su böylece tatlı suya dönüşür.

Fakat Muan tatlı suyu sadece içilebilir değildir. İnsanlar içtiklerinde ya da imanla onu kullandıklarında, imanlarına göre ilahi şifa ve sorunlarına yanıt bulurlar. Muan tatlı suyunun bu işleriyle ilgili sayısız tanıklıklar vardır ve dünyanın çevresinden pek çok insan Muan Manmin Kilisesi'ndeki bu kuyuyu ziyarete gelir.

Muan tatlı suyu, Amerikan Gıda ve İlaç Kurumu tarafından test edilmiş, güvenirliği ve kalitesi beş kategoride tescil edilmiştir. Bunlar mineral faktörler, ağır metal içeriği, kimyasal kalıntılar, deri reaksiyonu ve deneysel fare ile toksisitedir. Özellikle mineral bakımından zengindir ve kalsiyum oranı, Fransa ve Almanya'nın ünlü mineral sularından üç kat daha yüksektir.

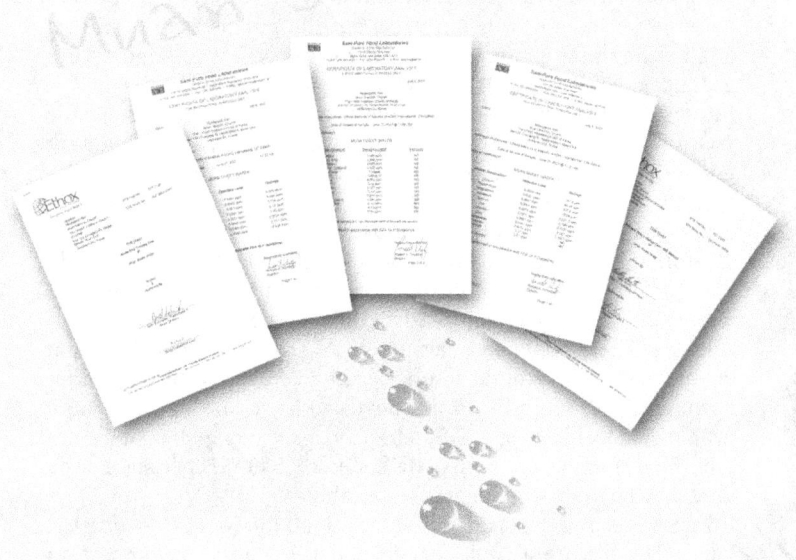

FDA (Amerikan Gıda ve İlaç Kurumu) test sonuçları

2. Yaşamı Kontrol Etme

Göğün dördüncü katının özelliklerine sahip dördüncü boyutun uzamında, ölü bir şeye yaşam verildiği gibi yaşayan bir şeyin yaşamı da sonlandırılabilir. Bu ister bitki olsun isterse hayvan her şeye uygulanır. Aynı durum, Harun'un filizlenen değneği içinde geçerliydi. Dördüncü boyutun uzamıyla kaplanmıştı. Dolayısıyla bir gün içinde kuru değnek filizlendi ve tomurcuklanıp badem açtı. Matta 21:19 ayetinde, İsa bir incir ağacına hiç meyve vermemesini söyledi: "Artık sonsuza dek sende meyve yetişmesin!" O anda incir ağacı kurudu. Bu da dördüncü boyutun uzamıyla kaplanarak meydana geldi.
Yuhanna 11'de, dört gün boyunca ölü olan ve kokan Lazar'ın İsa tarafından diriltilmesini okuruz. Lazar'ın vakasında sadece ruhu değil, ama ayrıca çürüyen bedeni de yenilenmeliydi. Fiziksel bakımından mümkün değildi, ama dördüncü boyutun uzamında bir anda eski haline döndü.

Manmin Merkez Kilisesi'nde Keonwi Park adındaki bir kardeşimiz, gözlerinin birinde görme gücünü tamamen yitirmişti, ama yeniden görmeye başladı. Üç yaşındayken komplikasyonların izlediği bir katarak ameliyatı olmuştu. Ciddi üveit ve retina dekolmanı yaşamıştı. Retina dekolmanı varsa düzgün göremezsiniz. Dahası göz bebeklerinin daralması olan fitizis bulbisi vardı. Sonunda sol gözündeki görme gücünü 2006 yılında tamamen yitirdi.
Fakat 2007 yılının temmuz ayında benim duamla görme gücüne yeniden kavuştu. Sol gözü hiçbir ışığı algılayamıyordu, ama artık görebiliyordu. Daralan gözbebekleri ayrıca normal ölçüsüne döndü. Sağ gözündeki görme gücü de 0.1'lik oranla kötüydü, ama 0.9'a çıktı. Onun tanıklığı Norveç'te düzenlenen 5. uluslararası Hristiyan Doktorları Konferansı'nda tüm tıbbi ve hastane belgeleriyle tanıtıldı. Konferansa 41 ülkeden 220 sağlık uzmanı katıldı. Sunulan pek çok diğer vakanın içinde onun vakası en ilginci seçildi.
Aynı şey diğer dokulara ya da sinirlere de olabilir. Dördüncü uzamın boyutu kapladığı takdirde, sinirler ya da hücreler ölü olsa da tekrar normale döndürülebilir. Fiziki bozukluklarda dördüncü boyutun uzamında düzeltilebilir. AIDS, tüberküloz, soğuk algınlığı ya da ateş gibi, mikropların veya virüslerin neden olduğu diğer hastalıklarda dördüncü boyutun uzamında iyileştirilebilir.
Bu tür vakalarda, Kutsal Ruh'un ateşi iner, mikropları ve virüsleri yakar. Hasar görmüş dokular, dördüncü boyutun uzamında eski haline döner ve tamamen iyileşir. Kısırlık durumunda, sorunlu olan organ ya da bölge, dördüncü boyutun uzamında onarılır ve

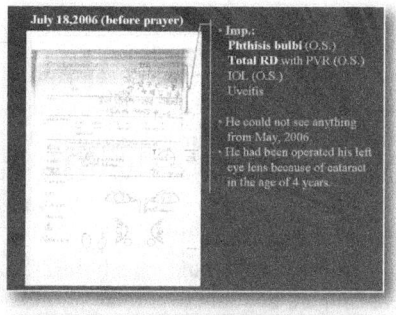

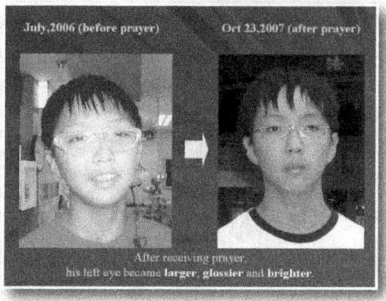

Beşinci WCDN Konferansı'nda Keonwi Park vakasının sunuluşu

kişi bebek sahibi olabilir. Dördüncü boyutun uzamında Tanrı'nın gücüyle hastalıklarımızdan ya da zayıflıklarımızdan iyileşmemiz için Tanrı'nın adaletinin şartlarını karşılamak zorundayız.

3. Zamanı ve Mekânı Aşan İşler

Dördüncü boyutun uzamında meydana gelen güçlü işler zamanı ve mekânı aşar çünkü o uzam tüm diğer boyutların mekânlarını içerir ve onların ötesindedir. Mezmurlar 19:4 ayeti şöyle der: "Ama sesleri yeryüzünü dolaşır, Sözleri dünyanın dört bucağına ulaşır." Göğün dördüncü katındaki Tanrı'nın sözlerinin dünyanın dört bucağına ulaşacağı anlamına gelir.

Göğün birinci katı olan cismani dünyada birbirinden çok uzakta olan iki nokta bile dördüncü boyutun uzam kavramında yan yana gibidir. Işık bir saniyede dünyanın çevresini yedi buçuk kez dolaşır. Fakat Tanrı'nın gücünün ışığı, bir an içinde evrenin sonuna bile ulaşabilir. Bu sebeple cismani dünyadaki uzaklıkların, dördüncü boyutun uzamında bir anlamı ya da sınırları yoktur.

Matta'nın 8. bölümünde bir yüzbaşı İsa'ya gelerek uşağını iyileştirmesini istedi. İsa evine geleceğini söylediğinde yüzbaşı şöyle yanıtladı: "Ya Rab, evime girmene layık değilim. Yeter ki bir söz söyle, uşağım iyileşir." Bunun üzerine İsa şöyle dedi: "Git, inandığın gibi olsun" Ve uşağı o an iyileşti.

Göğün dördüncü katının uzamına sahip olduğundan, uzaktaki hasta bir insan salt İsa'nın buyruğuyla iyileşebildi. İsa'ya olan yetkin imanını gösterdiğinden yüzbaşı böyle kutsandı. İsa ayrıca yüzbaşının imanını şu sözlerle övdü: "Size doğrusunu söyleyeyim. Ben İsrail'de böyle imanı olan birini görmedim."

Tanrı bu gün bile yetkin imanlarıyla Tanrı'yla birleşmiş olan çocuklarına zamanı ve mekânı aşan gücün işlerini gösterir.

Pakistan'da ki Cynthia çölyak hastalığından ölüyordu. İsrail'de ki

Lysanias viral enfeksiyondan ölüyordu. Ama her ikisi de zamanı ve mekânı aşan duanın gücüyle iyileştiler. Amerika Birleşik Devletleri'ndeki Johnson'da ayrıca zamanı ve mekânı aşan duanın gücüyle iyileşti. Aşil tendonu koptuğundan şiddetli ağrılar yüzünden yürüyemiyordu. Hiçbir tıbbi tedavi almadan zamanı ve mekânı aşan duanın gücüyle tamamen eski haline döndü. Bu, dördüncü boyutun uzamında ortaya konan gücün işidir.

Mendillerle meydana gelen olağanüstü işlerde zamanı ve mekânı aşan işlerdir. Mendil sahibi, Tanrı'nın nazarında uygun olduğu sürece zaman ne kadar geçerse geçsin o mendillerin içerdiği güç yitmez. Bu yüzden üzerine dua okunan bir mendil çok değerlidir çünkü her yerde dördüncü boyutun uzamına açılabilir.

Fakat eğer bir kişi hiçbir imanı olmadan Tanrı'ya ters düşecek şekilde mendili kullanırsa Tanrı'nın hiçbir işi gerçekleşmez. Sadece mendilin üzerine dua eden değil, ama mendille duayı alanda adalete uygun olmalıdır. Hiç kuşku duymadan mendilin Tanrı'nın gücünü içerdiğine inanmalıdır.

Ruhani dünyada her şey tam ve kesin bir şekilde adalete uygun meydana gelir. Dolayısıyla dua edenle duayı alanın imanları titizlikle ölçülür ve Tanrı'nın işi buna uygun şekilde gerçekleşir.

4. Ruhani Uzamdan Yararlanma

Yeşu 10:13 ayeti şöyle der: Güneş, yaklaşık bir gün boyunca göğün ortasında durdu, batmakta gecikti." Bu olay, Kenan Diyarı'nın fethi sırasında Yeşu Amorlularla savaşırken meydana geldi. Nasıl oldu da bir gün boyunca zaman göğün birinci katında durdu? Bir gün, dünyanın kendi ekseni etrafında dönüşüyle tamamlanan bir süredir. Bu yüzden zamanın durması için dünyanın kendi ekseninde durması gerekir. Ama dünyanın kendi ekseni etrafında dönüşü duracak olsaydı, sadece dünyanın değil, ama diğer göksel cisimlerinin de etkilendiği bir felaket olurdu. Öyleyse bir gün boyunca zaman nasıl oldu da durabildi?

Bu mümkün oldu çünkü sadece dünya değil, ama göğün birinci katındaki her şey ruhani dünyanın zamanın da aktı. Göğün ikinci katındaki zaman akışı, göğün birinci katına göre daha hızlıdır ve göğün üçüncü katındaki zaman akışı, göğün ikinci katına göre daha hızlıdır. Fakat göğün dördüncü katındaki zaman akışı, diğer katlara göre daha hızlı ya da daha yavaş olabilir. Diğer bir deyişle, göğün dördüncü katındaki zaman akışı, Tanrı'nın niyetine ve yüreğinde arzuladıklarına göre özgürce çeşitlilik gösterir. Tanrı zamanı genişletebilir, kısaltabilir ve zaman akışının bizzat kendisini durdurabilir.

Yeşu'nun vakasında, göğün birinci katının tamamı dördüncü katın uzamıyla kaplanmıştı ve zaman ihtiyaca göre genişletildi. Kutsal Kitap'ta zaman akışının kısaltıldığı bir başka vakayı görebiliriz. Bu, 1. Krallar bölüm 18'de İlyas'ın kralın arabasından daha hızlı koşmasıdır.

Kısaltılmış zaman akışı, genişletilmiş zaman akışının tersidir. İlyas kendi hızına göre koşuyordu ama kısaltılmış zaman akışında koştuğundan kralın arabasının önünden koşabildi. Yaratılışın işleri, ölümden diriltme ve zamanla mekânı aşan işler, durdurulmuş zaman akışında gerçekleşir. İşte bu yüzden cismani dünyadaki belli bir iş, buyrukla ya da yürekte arzulayarak derhal gerçekleşir.

Elçilerin işleri bölüm 8'de, Filipus'un 'ışınlanmasına' benzer bir olayı inceleyelim. Kutsal Ruh'un rehberliğiyle Yeruşalim'den

Gazze'ye inen bir yolda Etiyopyalı bir hadımla tanıştı. Filipus, İsa Mesih'in müjdesini ona bildirdi ve suyla vaftiz etti. Ve sonra Filipus aniden Aşdot Kentinde belirdi. Bir tür 'ışınlandı.'

Böyle bir ışınlanmanın meydana gelmesi için göğün dördüncü katının özelliklerini taşıyan dördüncü boyutun uzamıyla bir kişinin ruhani bir geçit açması gerekir. Bu geçitte zamanın akışı durur ve bu yüzden bir kişi büyük mesafeleri anında kat edebilir.

Eğer bu ruhani geçitten yararlanabilirsek, hava durumunu bile kontrol edebiliriz. Örneğin iki farklı yerde, insanların kuralıktan ve selden mustarip olduğunu farz edin. Eğer selin olduğu yerdeki yağmurlar kuraklığın olduğu bölgeye gönderilirse her iki yerin sorunu da çözülür. Hatta tayfunlar ya da kasırgalar bile kimsenin yaşamadığı yerlere ruhani geçitler vesilesiyle yönlendirilebilir ve hiçbir sorun çıkarmazlar. Ruhani uzamdan yararlanırsak sadece tayfunları değil ama ayrıca volkanik patlamaları ve depremleri de kontrol edebiliriz. Yani volkanın üzerini ya da depremin merkezini ruhani uzamla örtebiliriz.

Fakat tüm bu şeyler ancak Tanrı'nın adaletine göre mümkün olabilir. Örneğin tüm bir ulusu etkileyen doğal bir afeti sonlandırmak için ülke liderlerinin dua ricasında bulunması uygundur. Ayrıca ruhani uzam karşılansa bile göğün birinci katının adaletine tamamen ters düşemeyiz. Ruhani uzam kaldırıldıktan sonra göğün birinci katını kargaşaya sürüklemeyecek ölçüde ruhani uzamın etkileri sınırları olacaktır. Tanrı, göğün tüm katlarını kudretiyle yönetir; O, sevginin ve adaletin Tanrısı'dır.

(Son)

Yazar:
Dr. Jaerock Lee

Dr. Jaerock Lee, 1943 yılında Kore Cumhuriyeti'nin Jeonnam eyaletine bağlı Muan'da doğdu. Yirmili yaşlarında yedi yıl süren ve tedavisi mümkün olmayan birçok hastalıktan çekti ve iyileşme umudu olmadan ölümü bekledi. Fakat 1947 yılının bir bahar gününde, kız kardeşi tarafından bir kiliseye götürüldü ve orada dizlerinin üzerine dua etmek için çöktüğü anda, Yaşayan Tanrı, O'nu tüm hastalıklarından bir anda iyileştirdi.

Dr. Lee, bu olağanüstü tecrübenin akabinde karşılaştığı Yaşayan Tanrı'yı o andan itibaren tüm kalbi ve samimiyetiyle sevdi ve 1978 yılında Tanrı'ya hizmet için göreve çağrıldı. Tanrı'nın isteğini tüm berraklığıyla anlayabilmek, bütünüyle yerine getirmek için kendini adayarak dua etti ve Tanrı'nın Sözüne itaat etti. 1982 senesinde Seul, Kore'de Manmin kilisesini kurdu ve bu kilisede mucizevî şifa, belirti ve harikalar gibi Tanrı'nın sayısız işleri meydana gelmektedir.

Dr. Lee, 1986 yılında Kore İsa'nın Sungkyul kilisesinin senelik toplantısında papazlığa atandı ve 1990 yılında vaazları Avustralya, Rusya ve Filipinlerde yayınlanmaya başladı; Uzakdoğu Radyo Yayın Şirketi, Asya Radyo İstasyonu ve Washington Hristiyan Radyo Sistem yayıncılık şirketleri vesilesiyle kısa zamanda pek çok ülkeye daha ulaşıldı.

1993 yılında Manmin Kilisesi Hristiyan Dünya dergisi (ABD) tarafından "Dünyanın önde gelen 50 Kilisesi" nden biri seçildi ve Dr. Lee, Florida, ABD'de bulunan Christian Faith Üniversitesi İlahiyat Fakültesinden fahri doktora derecesini aldı. 1996 yılında ise Iowa, ABD Kingsway Theological Seminary'de papazlık üzerine doktorasını yaptı.

1993 yılından beri Dr. Lee, Tanzanya, Arjantin, Los Angeles, Baltimore City, Hawaii ve ABD New York, Uganda, Japonya, Pakistan, Kenya, Filipinler, Honduras, Hindistan, Rusya, Almanya, Peru, Kongo Demokratik Cumhuriyeti, İsrail ve Estonya olmak üzere pek çok yurtdışı misyonerlik faaliyetiyle dünyaya İncil'in müjdesini duyurmaktadır.

2002 yılında, çeşitli yurtdışı misyon faaliyetlerindeki güçlü vaizliği için, Kore'nin önde gelen Hristiyan gazeteleri tarafından "Dünya Çapında Dirilişçi" kabul edilmiştir. Özellikle öne çıkan, dünyanın en ünlü arenası olan Madison Square Garden'da 2006 yılında gerçekleştirilen New York

Seferi'dir; etkinlik 220 ülkede yayınlanmıştır. 2009 yılında Kudüs Uluslararası Kongre Merkezi'nde gerçekleştirilen "Birleşmiş İsrail Seferi'nde", cesurca İsa'nın Mesih ve Kurtarıcı olduğunu ilan etmiştir. GCN TV dâhil olmak üzere, uydular aracılığıyla vaazları 176 ülkede yayınlanmaktadır. Popüler Rus Hristiyan dergisi In Victory tarafından 2009 ve 2010 yıllarının en önde gelen 10 etkin Hristiyan önderlerinden biri, Christian Telegraph haber ajansı tarafından ise güçlü TV yayıncılığıyla vaaz ve yurtdışı kilise faaliyetleri için etkin bir önder seçilmiştir.

Mayıs 2017 tarihi itibarıyla Manmin Merkez Kilisesi'nin 120,000'den fazla cemaat üyesi bulunmaktadır. 56 yerel kilisesi dâhil olmak üzere dünya çapında 10,000 şube kilisesi bulunmaktadır ve Amerika Birleşik Devletleri, Rusya, Almanya, Kanada, Japonya, Çin, Fransa, Hindistan, Kenya ve daha fazlası olmak üzere 23 ülkeye 102'dan fazla rahip atamıştır.

En çok satanlar listesinde Ölümden Önce Sonsuz Yaşamı Tatma, Hayatım ve İmanım I&II, Çarmıhın Mesajı, İmanın Ölçüsü, Göksel Egemenlik I&II, Cehennem, Uyan İsrail, Tanrı'nın Gücü olmak üzere, bu kitabın yayınlanış tarihi itibarıyla 104 kitap yazmış ve kitapları 76'den fazla dile çevrilmiştir.

Dini makaleleri The Hankook Ilbo, The JoongAng Daily, The Chosun Ilbo, The Dong-A Ilbo, The Munhwa Ilbo, The Seoul Shinmun, The Hankyoreh Shinmun, The Kyunghyang Shinmun, The Korea Economic Daily, The Korea Herald, The Shisa News, ve The Christian Press dergi ve gazetelerinde yayınlanmaktadır.

Dr. Lee şu anda birçok misyonerlik kuruluşunun ve derneğinin kurucusu ve başkanıdır. Bunlardan bazıları şunlardır: İsa Mesih'in Birleşmiş Kutsallık Kilisesi (The United Holiness Church of Jesus Christ) Dünya Hristiyanlığı Diriliş Misyonu Derneği (The World Christianity Revival Mission Association) Daimi Başkanı; Global Hristiyan Network (GCB-Global Christian Network)) Kurucusu ve Yönetim Kurulu Başkanı; Dünya Hristiyan Doktorları (WCDN- The World Christan Doctors Network) Kurucusu ve Yönetim Kurulu Başkanı; Manmin Uluslararası İlahiyat Okulu (MIS-Manmin International Seminary) Kurucusu ve Yönetim Kurulu Başkanı.

Aynı Yazar Tarafından Yazılmış Diğer Etkili Kitaplar

Göksel Egemenlik I & II

Göksel ahalinin keyfine vardığı muhteşem güzellikte ki yaşama ortamının detaylı bir taslağı ve göksel egemenliğin farklı katlarının güzel bir açıklaması.

Çarmıhın Mesajı

Ruhani uykuda olan tüm insanların uyanmasını sağlayan güçlü bir mesaj! Bu kitapta İsa'nın niçin tek Kurtarıcı olduğunu ve Tanrı'nın gerçek sevgisini keşfedeceksiniz.

Cehennem

Tek bir canın bile cehennemin derinliklerine düşmesini arzu etmeyen Tanrı'dan tüm insanlığa içten bir mesaj! Aşağı ölüler diyarı ve cehennemin daha önce hiç açıklanmamış acımasız gerçeğini keşfedeceksiniz.

Ruh, Can ve Beden I & II

Ruh, can ve beden hakkında ruhani kavrayışa sahip olmamızı ve nasıl bir özden yaratıldığımızı keşfetmemizi sağlayan bu rehber kitap sayesinde karanlığı yenilgiye uğratmak ve ruhun insanına dönüşmek için güce sahip olabiliriz.

İmanın Ölçüsü

Sizin için gökler nasıl bir yer, ne tip bir taç ve ödül hazırlandı? Bu kitap sizlere imanınızı ölçebilmeniz ve en iyi ve en olgun imana sahip olabilmeniz için bilgi ve rehberlik sağlar.

Uyan İsrail

Niçin dünyanın başından günümüze kadar Tanrı gözlerini srail'den ayırmamıştır? Tanrı bu son günlerde İsrail için nasıl bir takdiri ilahi hazırlamıştır? Bu kitap, Mesih ile İsrail arasında ki ilişkiye ve Tanrı'nın İsrail için planladıklarına ışık tutar.

Hayatım ve İmanım I & II

Karanlık dalgalar, evlilik sorunları ve derin çaresizliklerle geçen yaşamı, Tanrı'nın sevgisiyle tekrar doğan ve okuyucularına hoş kokulu ruhani aroma yayan Dr. Jaerock Lee'nin otobiyografisi.

Tanrı'nın Gücü

Bir kişinin gerçek imana sahip olması ve Tanrı'nın olağanüstü gücünü deneyim etmesinde temel kılavuz görevi gören ve mutlaka okunması gereken bir kitap.

www.urimbooks.com

www.ingramcontent.com/pod-product-compliance
Lightning Source LLC
LaVergne TN
LVHW021820060526
838201LV00058B/3459